Dr Stéphane Clerget

# L'intelligence spirituelle de votre enfant

## *la révéler et la développer*



LEDUC

# L'intelligence spirituelle de votre enfant

Du même auteur, aux éditions Leduc :
*Ados : le décodeur*, avec Estelle Denis, 2019.



Conseil éditorial : Pascale Senk
Édition : Anne-Lise Martin
Relecture : Marie-Laure Deveau
Maquette : Patrick Leleux PAO
Illustrations : Adobe Stock
Design couverture : Antartik
Photo bandeau : Catherine Delahaye


10, place des Cinq-Martyrs-du-Lycée-Buffon
75015 Paris - France

ISBN : 979-10-285-2033-5

*À mes parents, pour les remercier de me visiter si souvent en rêves.*

Je m'en suis allé promener
Les peupliers se sont penchés
Pour me raconter des histoires
Qu'ils étaient les seuls à savoir.

Marie Laforêt, *La voix du silence.*

# Sommaire

*Introduction* . . . . . . . . . . 9

## *Partie 1* Les multiples facettes de l'intelligence spirituelle

1. Qu'est-ce que l'intelligence spirituelle ? . . . . . . . . . . 15
2. La composante philosophique . . . . . . . . . . 25
3. L'aspect proprement spirituel . . . . . . . . . . 35
4. La composante morale . . . . . . . . . . 45
5. La dimension créative . . . . . . . . . . 55

## *Partie 2.* Les bienfaits d'un développement spirituel pour l'enfant

1. Vivre en bonne intelligence avec soi et les autres . . . . . . . . . . 79
2. S'épanouir et s'accomplir . . . . . . . . . . 87

3. Atteindre l'harmonie intérieure . . . . . . . . . . . . . . . . . . . . . . 93
4. Accroître son mieux-être . . . . . . . . . . . . . . . . . . . . . . . . . . . . 97

## *Partie 3.* Conseils pratiques et exercices

1. En quoi consiste l'éducation spirituelle d'un enfant ? . . . . . 109
2. Éveiller l'intelligence spirituelle dès le plus jeune âge . . . . 119
3. Aiguiser l'intuition et le sens esthétique . . . . . . . . . . . . . . . . 129
4. Être spirituel au sens d'« avoir de l'esprit » . . . . . . . . . . . . . 141
5. Des activités physiques pour favoriser le développement spirituel . . . . . . . . . . . . . . . . . . . . . . . . . . . . . . . . . . . . . 151
6. Enseigner la méditation et la prière . . . . . . . . . . . . . . . . . . . 163
7. Faire la morale ! . . . . . . . . . . . . . . . . . . . . . . . . . . . . . . . . . . 183
8. Privilégier le sensible et l'immatériel . . . . . . . . . . . . . . . . . . 191

*Conclusion* . . . . . . . . . . . . . . . . . . . . . . . . . . . . . . . . . . . . . . 213

# Introduction

*Paul arrive tous les jours en retard au collège. Il a bientôt 13 ans et il est scolarisé en cinquième. Il perd beaucoup de temps le matin à vérifier qu'aucune des affaires scolaires mises dans son sac la veille ne manque. Il fait parfois marche arrière pour s'assurer que la porte de son appartement est bien fermée. Sa marche est ralentie parce qu'il vérifie sous ses semelles qu'il n'accroche rien de sale ou de dangereux. Ces TOC (troubles obsessionnels compulsifs) sont apparus il y a presque un an et se sont aggravés ces derniers mois. Je reçois Paul en consultation accompagné de ses parents. Il n'a pas d'antécédents particuliers. C'est un bon élève, même si ses résultats ont beaucoup baissé cette année. C'était un enfant curieux et vif, mais qui aujourd'hui se replie de plus en plus. Il a arrêté le judo et se passionne pour les jeux vidéo. Il n'a pas eu de maladie particulière en dehors d'une allergie au pollen l'été. Sa mère le décrit comme un enfant sensible, mais retenant ses émotions « comme son père ». Il dormait bien jusqu'alors, mais s'endort tard ces derniers temps. Il a consulté il y a six mois une psychomotricienne pour faire de la relaxation, mais hélas sans effet sur les TOC.*

*Les entretiens avec Paul mirent rapidement en évidence une angoisse de mort importante. Elle n'est pas apparue à la suite d'événements extérieurs (deuil ou séparation), mais semble en lien avec les changements qui s'opèrent en lui. C'est la perte de l'enfance à l'orée de son adolescence et les premiers émois pubertaires donnant accès à l'âge adulte qui réveillent en son esprit la peur de la mort. Je découvre que ces TOC ont pour fonction de lutter, sans que Paul en ait conscience, contre cette angoisse. Ses difficultés d'endormissement se comprennent comme le refus du « grand sommeil ». La peur de la mort est l'une des causes qui amènent Paul à combattre les changements qui le touchent. Les TOC tendent à figer les choses, visent à ralentir le temps. La mort n'est pas un sujet qu'on aborde en famille en l'absence du décès de proche. Dépourvu d'éducation religieuse, Paul n'a aucune idée, ni réflexion particulière, sur la notion de mort et sur les suites éventuelles de la vie. Nos séances furent l'occasion d'échanges métaphysiques sur ces concepts. Il questionna ses proches, lut des livres et se sonda lui-même. Il évoqua successivement le paradis avec sa grand-mère croyante, l'âme qui se détache du corps comme chez Platon, la mort qui n'est rien puisque « tant que nous existons la mort n'est pas, et que quand la mort est là, nous ne sommes plus » comme le dit Épicure, la mort qui serait une continuité comme chez les animistes puisque le dialogue des morts et des vivants se poursuit sans interruption notamment par l'intermédiaire des rêves, les réincarnations bouddhistes, les multivers en astrophysique ou la réunion ultérieure de l'énergie dans une autre matière chez certains scientistes. Paul trouva finalement au sein de ces explications et spéculations ses propres réponses. Cette ouverture à la réflexion métaphysique, aussi vertigineuse pût-elle paraître, dissipa son angoisse. De fait, les TOC s'atténuèrent en quelques semaines et disparurent en quelques mois. Paul est sorti de son impasse et, plus serein, a pu poursuivre son plein développement en investissant davantage le savoir scolaire et les relations avec les jeunes gens de son âge.*

Lors de la psychothérapie menée avec Paul, j'ai pris appui sur son intelligence spirituelle pour le guérir. Cette composante de l'intelligence globale est naturellement présente chez les enfants. Cependant, elle est aujourd'hui bien moins connue, moins mise à profit, moins exploitée et moins stimulée que les autres formes d'intelligence. L'intelligence spirituelle a, on le verra, toute sa place aux côtés de l'intelligence rationnelle et de l'intelligence émotionnelle, et elle doit être cultivée et nourrie au plus tôt.

# *Partie 1*

# Les multiples facettes de l'intelligence spirituelle

# 1.

# Qu'est-ce que l'intelligence spirituelle ?

## Une forme d'intelligence, celle de l'immatériel

Pour le psychologue américain Howard Gardner, l'intelligence spirituelle (aussi nommée intelligence existentielle ou morale) regroupe différentes aptitudes. C'est la capacité à se questionner sur le sens et l'origine des choses. Autrement dit, c'est la compétence à penser ses origines et sa propre destinée.

*Eliott, 4 ans : « C'était qui ma maman quand toi maman tu étais bébé ? »*

C'est aussi l'aptitude à se positionner par rapport aux limites qui dépassent notre planète, à savoir les limites cosmiques, c'est-à-dire notamment l'infiniment grand et l'infiniment petit. C'est également la capacité à édicter ses propres règles de vie et de conduite en tenant compte de sa morale, de ses valeurs, de ses principes existentiels et de ses croyances.

L'intelligence spirituelle est celle qui donne accès à la métaphysique et qui se développe au contact de cette branche de la philosophie. La métaphysique est la connaissance qui va au-delà de la physique, autrement dit au-delà du concret des choses.

D'ailleurs, cette intelligence donne aussi accès à une lecture de la nature qui ne soit pas uniquement physique, c'est-à-dire qui ne voie pas uniquement de la matière dans la nature. Si la nature a une réalité intangible, elle est aussi un monde sensible et un objet de l'absolu idéal. La nature est aussi un savoir qui ne se sait pas, une intelligence en devenir. D'ailleurs, un proverbe dit : « Ne cherche pas la nature de l'esprit, mais l'esprit de la nature. »

Les deux autres formes d'intelligence que sont l'intelligence rationnelle (celle que mesure le quotient intellectuel) et l'intelligence émotionnelle nous permettent de comprendre la situation dans laquelle nous sommes et d'agir efficacement. L'intelligence spirituelle nous permet de savoir si nous voulons être dans cette situation, la garder ou en changer, d'élargir les limites de l'action et ainsi éventuellement de la modifier au lieu de la subir. L'intelligence spirituelle est la capacité à apporter du sens à l'action. Par elle, on développe sa conscience et on peut y intégrer des valeurs pour avoir un comportement sage.

L'intelligence spirituelle est par ailleurs cette faculté de connaître, de comprendre ce que le philosophe allemand Friedrich Wilhelm Joseph von Schelling (1775-1854) nomme le « monde des esprits ». Pour ce dernier, il existe un lien constant entre le matériel, le réel et le spirituel ; Schelling appelant « spirituel » le monde des pensées ou des esprits. Pour ce philosophe de la période romantique, ce lien se poursuit, mais selon une autre dynamique, après la mort, qui s'annonce comme un réveil et non un sommeil.

Une autre compétence essentielle dépendant de l'intelligence spirituelle est l'aptitude à la transcendance. C'est la capacité de penser et de ressentir ce qui nous dépasse, c'est-à-dire ce que l'on ne perçoit pas avec ses sens, qui n'est pas maîtrisable par le raisonnement et qui peut provoquer de l'émerveillement ou de l'enthousiasme.

Les arts, la philosophie et la théologie[1] sont des domaines où l'intelligence spirituelle peut être abondamment et avantageusement sollicitée.

On le voit, l'intelligence spirituelle couvre un domaine très vaste et le terme « spirituel » qui renvoie à « esprit », ne doit pas être réduit à un sens religieux. En effet, l'esprit a de nombreuses définitions, parmi lesquelles le principe de la pensée et de l'activité réfléchie de l'homme, mais aussi les facultés psychologiques au sens large, ou des éléments de matière subtile, ou encore un principe immatériel.

## Le besoin d'aller au-delà de soi

Les compétences issues de l'intelligence spirituelle sont les aptitudes à se questionner sur l'origine et la signification des choses, sur le sens de la vie, sur les motivations de nos conduites, propos et pensées, ou encore sur ce qui mobilise notre enthousiasme. Elles incluent aussi la capacité d'ouverture vers ce qui nous transcende, au-delà de la matérialité des choses, ce qui d'ailleurs n'empêche pas, au contraire nous le verrons, de s'engager dans

1. Étude des questions religieuses fondée sur les textes sacrés, les dogmes et la tradition.

la réalité du monde. Simplement, cet engagement devient alors volontaire, élaboré et pleinement conscient. Cette capacité d'ouverture est l'aptitude à se percevoir entier et à être véritablement et profondément touché par la nature, la vie, le divin, l'infini, ou encore par des concepts qui le sont (infinis), comme la mort, la beauté ou l'amour. Quand je dis *touché*, c'est-à-dire bien au-delà des simples réactions émotionnelles et au-delà de ce que peut en dire notre intelligence rationnelle.

Les nombreuses reconversions professionnelles, les déménagements hors des grands centres urbains qui ont suivi la période du confinement lié à la pandémie de coronavirus témoignent d'une quête de sens chez une partie importante de la population. L'intelligence spirituelle a été activée, et on a pris appui sur elle pour sortir d'un état de mal-être profond et d'une angoisse de mort qui ont frappé tant de personnes durant cette sombre période. C'est le cas de cet agent immobilier à Lyon qui décide de vivre de sa peinture tout en faisant des petits boulots qui font sens pour lui, comme celui de vendeur bio sur les marchés. Ou de cette clerc de notaire qui décide de devenir aide-soignante en Lozère. Il ne s'agit pas seulement, comme pour beaucoup de personnes, de retrouver le contact avec la nature, c'est aussi retrouver sa propre nature, ses désirs profonds et s'écouter vraiment. Je ne détaillerai pas les histoires de ces reconvertis, car ce livre évoque essentiellement les enfants, mais ces adultes ont été des enfants, et surtout vont partager leurs réflexions et donner l'exemple à leurs enfants actuels ou à venir.

Puisqu'on parle de besoins, sans doute avez-vous entendu parler de la pyramide de Maslow ? Elle est surtout utilisée par les coachs, notamment dans le monde de l'entreprise, mais peut nous intéresser ici.

Cette pyramide définit et hiérarchise les cinq besoins humains fondamentaux, que voici :

- Les besoins physiologiques, par exemple respirer, manger, boire, faire l'amour, dormir ou « éliminer ».
- Le besoin de sécurité, par exemple un environnement stable, prévisible, des personnes dites « ressources » et des éléments de protection.
- Le besoin d'appartenance, c'est-à-dire être bien intégré dans un groupe, un statut social, ou bénéficier de l'affection des autres en général.
- Le besoin d'estime, qui comprend le besoin d'être reconnu, d'être aimé, d'être accepté et respecté par les autres, dont dépend aussi l'estime de soi.
- Le besoin d'accomplissement de soi, c'est-à-dire de se développer, de se réaliser et de s'épanouir.

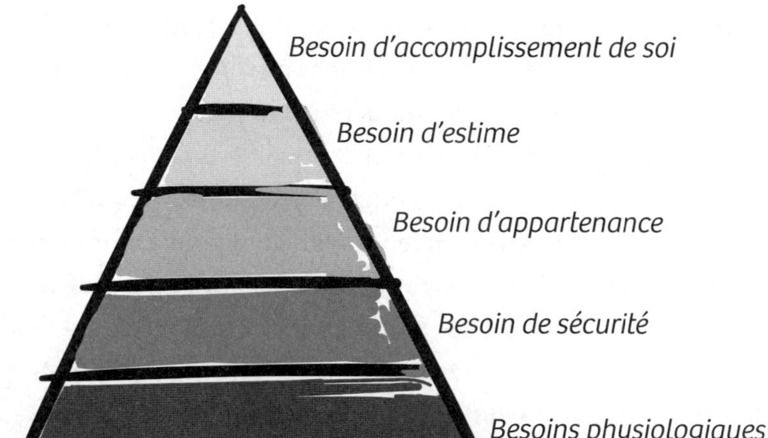


**La pyramide de Maslow**

Les trois derniers besoins de cette pyramide accomplis (l'appartenance à un groupe, le besoin d'estime et d'accomplissement de soi) aboutissent au sentiment de réalisation de soi dans sa plénitude. Ce sentiment permet d'atteindre un certain état de conscience que l'on peut dénommer « bonheur ».

Ce qui nous intéresse ici, c'est qu'une dimension spirituelle a été ajoutée par le psychologue américain Abraham Maslow (1908-1970) vers la fin de sa vie. Il s'agit du besoin de dépassement de soi, de transcendance *(self-transcendence)*. Ce degré motivationnel correspond au besoin de défendre une cause qui nous dépasse, comme la défense des animaux, la foi religieuse, la justice sociale, la recherche médicale, et/ou le besoin de faire corps avec cette cause (par exemple, s'unir avec le divin). Les adolescents notamment sont souvent concernés par ce besoin, et il importe d'y répondre pour leur bien-être psychique. C'est aussi le besoin de vivre une ou des expériences de communion au-delà de ses propres limites. Que cela soit une expérience mystique, esthétique, transpersonnelle, ou une autre forme de prise de conscience singulière, comme dans le domaine de la sexualité ou le contact avec la nature.

Cette dimension de dépassement de soi évoque un état d'accomplissement en lien avec l'intelligence spirituelle. L'individu concerné dépasse alors sa simple individualité pour embrasser une communion plus large, souvent au service des autres ou de son environnement. Une fois ses besoins primordiaux atteints, l'individu peut les mettre de côté au bénéfice d'autrui ou de causes qui le dépassent. Mais on peut imaginer que, ce faisant, il actualise son propre potentiel. Les psychologues contemporains de Maslow ont peu adhéré à cette dernière dimension. On retrouvait trente ans auparavant une opposition analogue entre les deux psychanalystes

Freud et Jung quant au sujet de la spiritualité. Il est possible que Maslow tout comme Jung aient connu des expériences paroxystiques, mystiques ou extatiques, ce qui les a conduits tous deux à reconnaître et à étudier cette dimension spirituelle du psychisme humain.

### TRANSCENDANCE

*Émilie, 6 ans : « Est-ce que dehors c'est dedans quelque chose ? »*

Le terme « transcendance » vient du verbe latin *transcendere* qui signifie franchir, surpasser. Il indique l'idée de dépassement ou de franchissement. Ce qui est transcendant, c'est ce qui est au-delà du perceptible, de l'intelligible, de l'entendement. Le corollaire de la transcendance est l'immanence. Si, dans la transcendance, la cause est extérieure et supérieure, l'immanence d'un être ou d'une chose a son principe en lui-même. Pour les croyants, le divin peut être au-dessus du monde et des choses, ou bien être dans le monde et/ou dans les choses qui le composent (comme pour les philosophes du stoïcisme ou chez Spinoza). En vérité, les deux concepts sont compatibles avec une intelligence spirituelle développée puisque voir l'infini dans un ailleurs ou dans ce que l'on peut toucher détache de soi et du matériel pour être emporté dans un « grand autre ».

## La pensée magique des enfants

Vous vous souvenez du *Petit Prince* de Saint-Exupéry. Alors qu'il demande à l'aviateur de lui dessiner un mouton, l'enfant n'est jamais satisfait du résultat obtenu : le mouton paraît trop vieux ou trop cornu. Impatient, l'aviateur griffonne un croquis sommaire et lance : « C'est la caisse, le mouton que tu veux est dedans. » C'est alors que le visage du petit prince s'illumine. « C'est tout à fait comme ça que je le voulais », dit-il. L'intelligence spirituelle est celle qui procure cette vision. « On ne voit bien qu'avec le cœur. L'essentiel est invisible pour les yeux », comme l'apprend par la suite le petit prince. Cette intelligence donne à voir l'invisible et permet donc de croire à l'invisible ; de croire à des choses aussi disparates que les concepts, le divin, le cosmos, les énergies. On pense bien sûr à Thomas l'incrédule cité dans l'Évangile selon saint Jean (20, 19-31), qui ne voulait ou ne pouvait croire que ce qu'il voyait et à qui Jésus aurait répondu : « Parce que tu m'as vu, tu crois. Heureux ceux qui croient sans avoir vu. »

Les enfants acceptent volontiers les mystères et les univers invisibles, car leur monde est une énigme. Croire à ce qu'il ne voit pas est aisé pour le jeune enfant, qui ne doute pas de l'existence du père Noël par exemple. Il est programmé pour accepter, pour absorber comme une éponge les diverses informations qu'on lui donne à croire. C'est pour lui le moyen d'apprendre et de recevoir le maximum de savoirs du monde qui l'environne. Mais ce sont alors parfois des informations qu'il emmagasine et non pas toujours une réelle connaissance, cet acte de l'esprit par lequel on se représente, définit ou comprend un objet que l'on met en lien avec d'autres – bref, la connaissance est la digestion profonde des simples informations. En outre, ce savoir sur le monde invisible que l'enfant a absorbé sans se l'être véritablement approprié, il peut le rejeter quand ses intelligences rationnelle et émotionnelle se développent et que son système de croyances devient plus étanche (à l'âge de raison pour ce qui est des croyances de la petite enfance). Il se le réappropriera secondairement (ou pas) en développant en parallèle son intelligence spirituelle.

L'intelligence spirituelle est rendue possible par une disponibilité face à ce qui est absolu et transcendant, face aux différents mystères de la vie auxquels l'homme et la femme dès son plus jeune âge doivent faire face. Chez le jeune enfant existe une pensée dite magique. C'est une forme de pensée qui s'attribue la puissance d'entraîner l'accomplissement de ses désirs, d'empêcher des événements de survenir ou de résoudre des problèmes par la simple pensée.

*Ainsi, Erwan, 4 ans, va penser pouvoir faire apparaître son père, qui est au travail et qui lui manque.*

De plus, le jeune enfant ne distingue pas nettement le monde physique du monde psychique. De même, les limites entre son moi et l'environnement ne sont pas précises pour le tout-petit. Il va aussi considérer comme vivants des objets que l'on juge inertes, et pourra parler de « maman chaise », « papa chaise » et la « petite fille chaise ». C'est ce qu'on nomme l'« animisme infantile ». Ces modes de pensée du jeune enfant lui permettent de se confronter aisément au mystère de la vie et à l'infini en attendant le développement de son intelligence spirituelle.

# 2.

# La composante philosophique

Les enfants ont des questionnements philosophiques profonds. À l'adolescence, l'intelligence spirituelle, comme les autres formes d'intelligence, connaît un nouveau développement. Les questionnements existentiels chez certains peuvent être abondants. D'autres en revanche vont les bloquer par divers mécanismes mentaux.

## Chez le petit

La fossette située au milieu de la lèvre supérieure s'appelle le « philtrum ». Elle est aussi communément nommée empreinte de l'ange ou doigt de l'ange. Selon la religion juive[2], le futur bébé est instruit de la Torah durant la grossesse. Mais, peu avant la

2. Talmud de Babylone, Niddah 16b.

naissance, l'ange de la conception Lailah vient poser son doigt sur sa lèvre supérieure pour l'inviter à oublier et à taire ce savoir. Cette zone serait la trace de cette intervention angélique.

L'intelligence spirituelle se manifeste sans doute très précocement chez l'enfant, mais c'est à partir de l'âge de 3 ans qu'on peut s'en assurer. En effet, entre 3 et 5 ans, les enfants qui ont accès au langage posent mille et une questions, dont beaucoup surprennent les parents par leur caractère existentiel et parfois insondable, et qui occuperont ces enfants sans doute toute leur vie. C'est entre 36 et 48 mois en moyenne que ces questions débutent. Se poser des questions est normal. Tout ce que l'enfant perçoit, entend ou sent est nouveau pour lui. Il a besoin d'en savoir plus. Et ses neurones en pleine croissance sont avides de connexions. Une étude réalisée en 2017 en Angleterre a montré que les enfants posent 75 questions en moyenne par jour !

À partir de 5 ans, la nature des questions varie et les nuances sont plus profondes. Ce sont de grandes questions philosophiques qui témoignent du développement de son intelligence spirituelle. En retour, elles le stimulent à en poser d'autres, et ces échanges développent ses capacités intellectuelles et notamment spirituelles. Il y a des questions auxquelles la science peut répondre, comme : Pourquoi la mer monte et descend ? Pourquoi le ciel gronde ? Comment se fabriquent les arcs-en-ciel ? Mais beaucoup d'autres interrogations laissent perplexes par leur caractère métaphysique, telles que celles-ci : Pourquoi on vit ? C'est comment quand on est mort ? Où j'étais avant de naître ? Pourquoi je suis moi ? Chez les enfants à haut potentiel, ces questionnements sont précoces, fréquents et intenses, et peuvent être une source de charge anxieuse importante.

## Du côté des parents : les réactions possibles

Donner une réponse sincère peut suffire à les apaiser momentanément. Il ne faut pas croire que le but de votre enfant soit d'accaparer votre attention. Ce sont des questions importantes pour lui, même s'il semble passer vite d'une question à une autre tant sa curiosité paraît sans fond. Avant tout, il est important d'être à son écoute et d'essayer de comprendre sa question. Ne vous contentez pas d'une réponse vite donnée pour vous débarrasser de la sollicitation. Ne vous en tirez pas par une contrevérité telle que « Maman ne mourra jamais », ou par une esquive comme « Ce n'est pas la peine d'en parler, car ce sera dans très longtemps », s'il vous questionne sur la mort. Ne visez pas à n'importe quel prix à changer de sujet. Il faut penser aux motifs derrière cette question. En effet, elle peut être liée à un événement qu'il a vécu, à une personne de son entourage, à une conversation qu'il a entendue, etc. Notez par exemple son angoisse devant la mort ou simplement l'interrogation très humaine face à ce concept fondamental de la condition humaine.

On prêtera une oreille philosophique, en plus de répondre sur le terrain du scientifique et du psychologique. Une écoute psychologique consiste à comprendre la résonance de la question de l'enfant avec son histoire singulière : par exemple, s'il questionne sur l'amour, on peut faire le lien avec une éventuelle déconvenue sentimentale ou la prise de conscience de sentiments inédits. Il s'agit de percevoir et de prendre en compte la racine émotive de sa question pour y répondre sur le terrain affectif. Une réponse scientifique, par exemple sur la mort, est bien sûr nécessaire. On peut parler de la différence entre un être vivant et une machine, du fait que tout être vivant est mortel, qu'il n'y a pas de vie sans mort. Mais l'écoute métaphysique et spirituelle est selon la nature des questions parfois indispensable pour proposer un véritable apaisement. Il s'agit de permettre à l'enfant de penser par lui-même en l'accompagnant vers cela. Les échos sous la forme de réponses verbales, de réactions émotionnelles ou comportementales de son entourage face à ses interrogations, que ce soit sur la mort, le temps, l'amour ou la sexualité, vont l'éclairer sur la portée de celles-ci.

Il est bien sûr possible en tant qu'éducateur d'afficher sa faiblesse, son ignorance, c'est en tout cas bien mieux qu'une menterie. Il n'y a pas lieu de penser qu'il faut absolument donner une réponse à toute question de l'enfant, une réponse unique, la sienne. On peut se contenter de répondre : « Je ne sais pas. » Mais, en tout état de cause, on valorisera cependant la question en lui disant qu'elle est intéressante, importante éventuellement, mais que l'on a besoin de réfléchir pour lui répondre correctement. On ajoutera que la ou des réponses existent sans doute quelque part et qu'il pourra les découvrir notamment dans certains ouvrages quand il saura lire, ce qui pourra d'ailleurs le motiver à apprendre à lire. On peut renoncer à l'envie qu'il sache absolument en répondant trop vite et définitivement, au profit de l'envie qu'il cherche. Vous pouvez donner une réponse en précisant que vous n'êtes pas certain(e) et qu'il y a sans doute d'autres réponses possibles. Bien sûr, il s'agit de le sécuriser émotionnellement, mais le déni n'est pas, tant s'en faut, un gage de sérénité. L'ouverture à la réflexion et le recours à l'intelligence spirituelle sont certes moins rapides comme modes de réponse, mais plus profonds et féconds.

On peut ensuite lui renvoyer la question en lui demandant son avis. Il est aussi possible de faire un « brainstorming », une réflexion commune : chacun donnant son hypothèse ou son point de vue, sans se priver de finir en rigolade par des réponses alambiquées ou plaisantes. On pourra demander l'avis de l'autre parent ou de la grande sœur présente, par exemple. En tant que parent, on parlera à hauteur d'enfant, c'est-à-dire qu'on ne travestira pas la vérité, mais qu'on donnera une réponse avec délicatesse si celle qu'on veut lui donner paraît douloureuse à entendre.

Mais les parents n'ont pas que des réponses à donner. Ils doivent aussi donner beaucoup d'amour à ces enfants philosophes. En effet, l'enfant va au fil de ses premières années qui le mènent à l'âge de raison prendre conscience plus ou moins confusément de ce que le monde porte en lui de pouvoir de destruction : la maladie, la solitude, l'angoisse de l'abandon, la peur de l'avenir, le remords, le ressentiment. Il va ressentir la menace d'anéantissement qui porte sur les humains, les proches, la famille et sur soi-même, mais aussi sur la nature et la terre.

« La terre va bientôt exploser ? » s'alarme Zach, 7 ans.

Survivre à cette menace et à ce désespoir qui traverse chacun, c'est inventer un autre paysage où la vie prévaudrait à jamais contre la mort. Afin de pouvoir réinventer la vie pour restituer aux vivants leur force et leur émerveillement d'exister face à ces menaces, les humains ont trouvé en eux et autour d'eux l'amour. Qu'il soit profane ou sacré selon les terminologies religieuses, c'est une même révélation. L'amour est un ressenti qui, chez l'enfant, prend racine à la naissance et peut-être avant celle-ci (il est d'ailleurs habituellement un préalable à l'enfantement), pour devenir ensuite chez certains un savoir et un savoir-faire, un objet d'étude ou le sens même de l'existence. L'amour est un des piliers sur lesquels l'intelligence spirituelle s'appuie. En effet, celle-ci possède dans ses diverses catégories la compétence à aimer, à être aimé, mais aussi la faculté de discerner, de concevoir, de connaître et de comprendre l'amour dans toutes ses formes, mais également dans son infinité. Alors aimez votre enfant et apprenez-lui ce faisant à aimer et à croire en la puissance de l'amour.

## Chez l'adolescent

L'adolescence est la seconde période de grands questionnements existentiels. Cela est dû notamment à la réorganisation et à la croissance cérébrales, qui s'accompagnent d'un développement massif de connexions entre neurones. L'enfant revisite alors les divers questionnements métaphysiques de sa petite enfance à l'occasion des changements qui s'opèrent en lui et qui sont chaque fois une perte, que ce soit celle de son corps d'enfant, de son mode de pensée, de son apparence physique, de son identité, de ses relations aux autres et notamment à ses parents, du fait entre autres de sa génitalité nouvelle. Face à ces parties de soi qui ne sont plus mais l'habitent encore et face à ce qui s'annonce, l'adolescent mentalise ce vécu par mille et une questions existentielles. Des changements vis-à-vis de lui-même (il s'éprouve comme un autre) et vis-à-vis de son environnement le font s'interroger sur son origine et donc sur celle de toute chose ainsi que sur son devenir et celui de toute chose. À l'aube de cette renaissance il se demande qui il est, mais il s'interroge aussi sur le sens de sa vie, sur le droit de vivre (qu'il va tester par des prises de risque), sur l'intérêt de vivre, sur le « *to be or not to be ?* » d'Hamlet, le personnage de William Shakespeare. Il se demande comment vivre comme ses parents et quoi faire de sa vie. D'autres questions affluent : À quoi je sers ? Comment être utile ? Quel but dois-je avoir ? Pourquoi je vis ? Et une fois obtenus des éléments de réponse, vont surgir d'autres questions : Réussirai-je à réaliser cela ? Aurai-je les moyens de mes désirs ?

Sur le plan de la morale et des valeurs, on constate à l'adolescence une remise en cause totale ou partielle de ce qui a été transmis par les parents et les autres référents, et qui avait été admis comme tel. Dans un second temps, tout ce système de valeurs sera réapproprié après analyse plus ou moins approfondie ou restructuration pour une morale et un système de valeurs plus personnels. Il en est de même des croyances religieuses. L'adolescent, fille ou garçon, va mettre à l'épreuve autant son corps nouveau que ses sentiments, ses modes d'attachement, ses pensées et ses croyances. Sa quête identitaire concerne les différents aspects, l'identité familiale, sociale, de groupe, l'identité sexuelle, avec les contraintes propres à chacune d'elles. Parmi les divers sujets qu'il soulève, on rencontre aussi celui de la liberté, alors qu'il prend conscience des diverses contraintes qui s'exerçaient sur lui enfant et qui s'exercent sur lui désormais, tout en craignant d'être détaché, isolé et jugé responsable de ses actes. Dans ce cadre se pose l'acceptation des lois. Les lois donnent le sentiment de brider la liberté mais, en même temps, elles sont le garant de celle-ci, en ce que la liberté consiste à pouvoir faire tout ce qui ne nuit pas à autrui. Ainsi, l'exercice des droits naturels de chaque homme a pour seules bornes celles qui assurent aux autres membres de la société la jouissance de ces mêmes droits. Ces bornes ne peuvent être déterminées que par la Loi. Mais nul besoin des lois pour brider soi-même sa propre liberté par des obstacles affectifs psychologiques dont on n'a pas toujours conscience.

En parallèle, ces questionnements des ados réveillent les mêmes questionnements chez les adultes qui les côtoient, et en première ligne leurs parents, qui voient ressurgir des questions qu'ils avaient parfois trop promptement enfouies. C'est une sorte de crise en miroir à l'âge du milieu de vie, qui bouscule les parents confrontés au bilan de leurs objectifs passés, au bilan de leur vie, mais aussi aux questionnements incessants de leur identité : Qui suis-je ? Que suis-je devenu ?

Pour l'adolescent(e), la vie apparaît comme une intrigue, le monde comme une énigme. Il/elle reprend à zéro toutes ses réflexions passées. Il/elle se met à douter, sinon de tout, du moins de beaucoup de choses. Mais ce doute, aussi pénible soit-il, est aussi bénéfique. L'ado qui y est confronté va en réponse déployer ses capacités de raisonnement et de réflexions spirituelles. Pouvoir questionner le monde, c'est être en vie. Cette perception nouvelle de soi comme sujet pensant, ayant une conscience morale libre mais inscrit dans une famille, une culture, dans l'histoire de l'humanité, dans la sphère du vivant et dans le champ de l'univers, témoigne de l'intelligence spirituelle de l'adolescent en pleine expansion.

Parmi les grands questionnements, le rapport au temps est très présent. Surtout aujourd'hui où l'immédiateté règne en maître dans nos sociétés. Il est alors temps de les aider à se situer dans une filiation familiale mais aussi humaine, qui est également l'acceptation d'une transcendance temporelle. C'est également les aider face au tabou actuel de la mort. Cette dernière n'a jamais été autant montrée à l'écran comme virtuelle, mais jamais autant masquée dans la réalité, où elle est devenue impensable. La question du temps est aussi celle des origines. D'où je viens ? Qui suis-je ? Où étais-je avant de naître ? Il s'agit de connaître ses origines pour mieux s'en détacher, avec le risque d'une quête infinie ou à l'inverse d'une sacralisation des origines qui empêche d'aller libre de l'avant. Et jusqu'où faire remonter les origines ? Comme la mort, l'origine est souvent impossible à se représenter. Cependant, cette recherche nourrit notre ouverture à la spiritualité. Et si finalement l'horizon des origines était celui du devenir ?

L'adolescent, comme le nouveau-né, a besoin d'être connu et reconnu. Il était idolâtré simplement parce qu'il était né et il comprend mal qu'il n'en soit pas de même à l'occasion de cette nouvelle naissance. Mais il devra attendre cette fois de définir son identité, de définir des objectifs et des valeurs, et de s'engager dans l'action en conformité avec celles-ci. Se définir, c'est se reconnaître comme auteur de ses paroles et de ses actions. Cette reconnaissance de soi est une élaboration de l'intelligence spirituelle et donne à l'individu sa responsabilité. C'est se reconnaître comme étant permanent depuis le bébé qu'on était jusqu'au vieillard qu'on sera.

*Simon a 12 ans et il envoie des messages en imagination à celui qu'il sera à 25 ans : « Je raconte qui je suis, ce dont je suis capable aujourd'hui, à celui que je serai à 25 ans. C'est comme un message pour l'avenir. Et je dis aussi ce que je voudrais que celui de 25 ans soit. »*

Vient ensuite la reconnaissance des autres, facilitée par celle de soi, la reconnaissance prise aussi au sens de gratitude, notamment vis-à-vis des parents et autres référents. La découverte de l'autre permet de mieux se connaître soi, car on est en partie invisible à soi-même et l'autre sert alors de miroir. Mais ce miroir peut paraître déformant, insinuant le doute sur soi. Ce regard d'autrui peut aussi aider à être plus présent à soi, à se cohérer davantage, à s'unifier, à se contenir, ou au contraire à s'éloigner davantage de soi-même, à se couper intérieurement. Bref, ces images de soi renvoyées par un autre troublent, perturbent l'image que l'ado a de lui ou elle. Le regard singulier de l'autre change à l'adolescence la représentation de soi pour le meilleur ou le pire. En tout cas, il soulève des doutes, des inquiétudes et des perspectives. La question de l'autre implique la notion de respect, très présente dans le discours adolescent d'aujourd'hui. Respect de soi et de l'autre, respect qui impose la retenue de ses pulsions parfois et de celles de l'autre. Le respect de soi facilite le respect de l'autre. On est un centre d'obligation pour soi et pour l'autre, et réciproquement l'autre est un centre d'obligation pour soi. Tout cela relève encore d'un développement spirituel.

# 3.

# L'aspect proprement spirituel

## Une intelligence à la fois mentale, sensible et esthétique

L'intelligence spirituelle nourrit les réflexions sur le pourquoi de la vie, la signification et le sens de l'existence, la finalité de l'expérience humaine, la mort, les notions de destin et de fatalité. Une intelligence spirituelle évoluée permet, on l'a vu avec Paul en introduction, de ne pas être effrayé par l'inconnu, le mystère, l'invisible, l'infini grand et petit, mais au contraire de s'y confronter mentalement.

*Thibaud, 7 ans, un soir en Corse me confie en voyant le ciel étoilé sans nuages : « Quand je serai grand, je ferais bien une carte avec toutes les étoiles dans le ciel. Ce sera long. Toute ma vie peut-être. J'hésite entre faire ça et être footballeur. »*

L'intelligence spirituelle permet de conduire sa vie avec sens, mais aussi avec passion. Ici, la passion n'est pas à confondre avec les idées fixes et avec les obsessions. Il ne s'agit pas d'un refuge comme le sont ces dernières, qui ont vocation de protéger l'individu de l'angoisse en l'amarrant à des idées vides de sens. La passion au contraire ne fige pas ; elle est mue par une dynamique qui emporte l'être en son ensemble et ouvre sur tous les champs en lien avec cette passion.

La créativité est en lien avec l'intelligence spirituelle comme elle l'est en partie également avec l'intelligence émotionnelle, mais aussi avec des intelligences autres (musicale et visuo-spatiale notamment). L'intelligence spirituelle n'est pas seulement une intelligence mentale au même titre que l'intelligence rationnelle. C'est aussi une intelligence sensible, une intelligence esthétique. Cela correspond à une sensibilité face à des concepts aussi variés que la beauté, la bonté, la vérité. Il n'est pas toujours aisé de faire une distinction avec l'intelligence émotionnelle pour cette part de l'intelligence spirituelle. Car cette réactivité passe aussi par le champ émotionnel. La différence est qu'ici il ne s'agit pas d'émotions à l'état pur, mais d'émotions mentalisées ou de représentations mentales sensorielles, à l'image des correspondances sensorielles décrites par le poète Arthur Rimbaud[3].

Quoi qu'il en soit de cette frontière commune avec l'intelligence émotionnelle, dans l'avenir, l'intelligence spirituelle est sans doute ce qui fera défaut à l'intelligence artificielle quand celle-ci sera au maximum de son développement.

---

3. Dans le poème « Voyelles » de Rimbaud, chacune des voyelles qui se succèdent comme un cycle de vie est associée à une couleur, une forme, une connotation morale et une sensation : « A noir, E blanc, I rouge, U vert, O bleu : voyelles, / Je dirai quelque jour vos naissances latentes : / A, noir corset velu des mouches éclatantes / Qui bombinent autour des puanteurs cruelles [...]. »

## Y A-T-IL UNE AIRE DE LA SPIRITUALITÉ DANS LE CERVEAU ?

Il semble bien qu'il existe une aire de la spiritualité dans le cortex cérébral. Ce serait cette aire qui se développerait avec l'intelligence spirituelle. On a observé[4] que certains dommages cérébraux spécifiques pouvaient générer le sentiment de transcendance du monde physique. Cette zone est l'aire du cortex (le cortex étant la couche supérieure du cerveau, qui est propre à l'homme et détermine les intelligences) pariétal postérieur (sur le côté et en arrière du crâne).

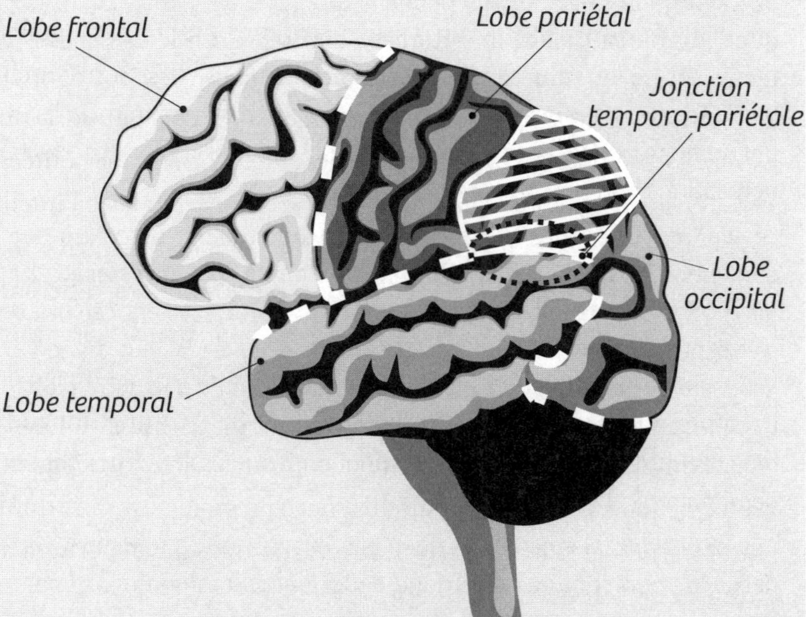


**L'aire du cortex pariétal postérieur liée à la spiritualité**

4. Cosimo Urgesi *et al.*, « The Spiritual Brain », *Neuron*, vol. 65, n° 3, 2010. DOI : 10.1016/j.neuron.2010.01.026

Elle permet notamment de se représenter les parties de son propre corps. Cette zone est connue pour être impliquée dans la « notion de soi », la perception de soi comme une entité permanente avec des limites psychiques et physiques nettes et précises. En corollaire, elle est impliquée dans la perception du non-soi. Or les techniques d'imagerie cérébrale (IRM fonctionnelles) ont permis de voir que cette zone est activée lors des prières profondes et de la méditation. C'est la lésion de neurones de cette zone (après la résection de tumeur cérébrale dans cette région en particulier) qui a modifié chez les sujets concernés cette compétence. Ainsi, ces patients se sentent connectés avec les autres à tel point parfois qu'ils ne perçoivent plus de séparation avec eux. Ils peuvent aussi ressentir une connexion quasi fusionnelle avec la nature ou encore se sentir détachés du temps présent, comme s'ils voyageaient dans l'espace-temps. S'ajoute une croyance plus forte ou nouvelle dans les miracles, les phénomènes dits paranormaux, en tout cas non matériels, et les perceptions non sensorielles.

Le sentiment de transcendance est donc notamment associé à une diminution de neurones de cette région. Notons également que cette diminution permettait à ces patients victimes de cancers cérébraux d'être plus sereins et détachés face à la gravité de leur maladie. Inversement, ceux qui avaient subi une diminution d'une autre région (localisée dans le cortex antérieur) réagissaient plus sinistrement que tous les autres opérés, refusant la situation, s'angoissant, s'agitant ou déprimant.

Ces situations viennent entériner des expériences antérieures lors desquelles un stimulus électrique de la jonction temporo-pariétale, une zone à proximité du lobe pariétal postérieur, provoque des expériences de sortie du corps, qui incluent aussi une disparition de la représentation du soi physique et de l'environnement.

## Sa place dans une éducation intégrale

L'éducation intégrale d'un enfant consiste à lui assurer le développement de ses différentes composantes : un bon développement corporel, un bon développement intellectuel, un bon développement émotionnel, un bon développement social, mais aussi un bon développement spirituel. Ce dernier part de l'expérience intérieure. Ces différentes composantes physiques, émotionnelles, sociales, intellectuelles et spirituelles sont en interaction.

Ainsi, les émotions influencent le corps dans son fonctionnement, ses performances et sa santé, notamment dans les maladies psychosomatiques comme l'eczéma. Elles agissent aussi sur le fonctionnement rationnel, qu'elles parasitent par leur subjectivité ou assouplissent et humanisent.

L'intelligence émotionnelle est aussi en interaction avec l'intelligence spirituelle. La spiritualité est portée par l'énergie des émotions. De plus, les diverses émotions sont guidées voire conglobées vers les causes ou les buts vitaux et peuvent former par ailleurs le combustible des rares expériences extatiques qui correspondent à l'*euréka* de l'intelligence spirituelle.

Le développement corporel influence aussi le développement spirituel. La dimension corporelle comprend tout ce qui est en rapport avec le corps (muscles, os, nerfs, organes, sens...). Or éduquer cette dimension suppose de travailler le corps avec des techniques diverses telles que la relaxation, la conscience corporelle, les exercices d'étirement, les rythmes respiratoires, la danse, l'expression corporelle, etc. À partir de ces exercices, on favorise l'équilibre physique et l'unification du corps avec le monde intérieur de la personne.

Enfin, la spiritualité ne s'oppose pas à la rationalité. Quand votre enfant vous regarde et subitement vous demande : « Quand tu seras morte, est-ce que tu pourras sentir le parfum des fleurs qu'on mettra sur ta tombe ? », il crée des ponts entre son intelligence logico-mathématique et son intelligence spirituelle, il fait interagir sa rationalité et sa spiritualité. Développer la spiritualité chez votre enfant ne le rendra pas moins rationnel. Ce sont deux compétences qui ne se nuisent pas mutuellement. Elles sont complémentaires. Elles contribuent à développer l'intellect de votre enfant dans sa globalité. Bien sûr, certaines personnes vont compartimenter leurs activités rationnelles et leurs activités spirituelles pour éviter tout parasitage. Par exemple, tel père de famille travaille sur des réseaux informatiques la semaine et va prier ou communier le dimanche à l'église, ou participe à des lectures de poésies dans un club. Mais cette dissociation des activités n'impose pas une étanchéité entre ses deux champs d'activités intellectuelles. Et l'intelligence spirituelle d'un individu stimule sans qu'il le sache son activité professionnelle, durant laquelle il ne croit user que de sa rationalité. Et, inversement, sa rationalité sert de base et de contenant à son éventuel voyage spirituel.

L'intelligence spirituelle ne s'oppose pas non plus à l'intelligence sociale et elle n'est pas, loin de là, un facteur d'isolement social. D'ailleurs des auteurs, tel Romain Cristofini[5], la présentent et comme un outil de leadership dans le monde professionnel. Rien d'étonnant à cela, car longtemps les sages ont eu pour mission de guider les hommes et les femmes.

---

5. Romain Cristofini, *L'intelligence spirituelle au cœur du leadership. La voie des leaders éclairés et engagés*, InterÉditions, 2019.

## La différence entre spiritualité et religion

Cultiver l'intelligence spirituelle de votre enfant, ce n'est pas nourrir, contrairement à une idée reçue, sa religiosité. Religiosité et spiritualité sont deux concepts qui cohabitent allégrement mais qui sont distincts.

L'intelligence spirituelle se distingue de la religion, mais peut lui être reliée. Elle permet le dialogue entre la raison et les émotions, et elle est la source qui le guide. C'est la capacité d'apporter du sens et d'intégrer des valeurs afin de développer notre conscience pour agir avec sagesse. La religion est un cadre qui permet de développer sa spiritualité, mais il ne s'impose pas. La spiritualité est une recherche, tandis que la religiosité est la reconnaissance d'un ou plusieurs êtres supérieurs de qui provient tout ce qui existe.

*Amir, 9 ans, grand lecteur de Percy Jackson[6], croit dans les dieux grecs mais préfère ne pas en parler à sa famille qui ne croit qu'en un dieu.*

*Félix, 7 ans, me dit « croire en plusieurs personnes : Dieu le père, Dieu le fils et le Saint-Esprit ».*

La religion implique le partage de pensées, de sentiments et une reconnaissance réciproque avec les autres croyants. De plus, la religiosité comprend une identification libre à un credo religieux commun. Elle comporte aussi la pratique de certains rituels et le sentiment d'appartenance à une communauté de

6. Cette série de cinq romans pour enfants écrits par Rick Riordan se base sur la mythologie grecque.

fidèles. La religiosité n'impose pas une intelligence spirituelle développée, mais une intelligence spirituelle développée peut évidemment l'accompagner et s'épandre au sein d'une religiosité. La compétence religieuse est celle de se référer à un ou à des êtres absolus en lesquels on se reconnaît croyant et qui implique généralement de vivre des manifestations religieuses. Beaucoup d'enfants sont croyants sans utiliser pour cela leur intelligence spirituelle. La spiritualité religieuse mature passe par une constance, une autonomie de pensée, une conviction personnelle et une interrogation profonde. Les règles religieuses qui s'adressent à chaque croyant pour être suivies sont un peu comme l'écorce tandis que le noyau correspondrait à la réalité essentielle. Celle-ci n'est donc pas à la portée de tous. Elle est réservée à ceux qui savent la découvrir sous les apparences et l'atteindre à travers les formes extérieures qui la recouvrent, la protègent et la dissimulent. On voit ainsi parfois des croyants déclarant leur foi, mais s'affranchissant de certaines règles. D'ailleurs, même si chaque religion correspond à des croyances et pratiques particulières, les grandes religions ont des courants très axés sur la spiritualité. On parle alors de mystique chrétienne, juive ou musulmane.

## LE SOUFISME

Le soufisme est un courant mystique et ésotérique majeur de l'islam. « Le soufi est quelqu'un qui est tel qu'il était, alors qu'il n'était pas encore », écrivait au IXe siècle Junayd[7]. Toute réalité dans le soufisme possède une apparence et un aspect intérieur caché. Le soufisme est la recherche d'un état spirituel qui permet d'accéder à ces connaissances cachées. Les soufis ne cherchent pas à entrer en contact avec Dieu uniquement par l'étude du Coran ou des textes religieux. Ils se disent d'ailleurs ignorants. Ce n'est pas par le savoir qu'ils veulent pénétrer le grand mystère de l'unité avec Dieu, mais par une expérience personnelle et intime de fusion. Il ne s'agit pas de connaître Dieu à la lettre, mais dans l'esprit. La poésie (des poèmes amoureux en arabe ou en persan adressés à la divinité), la récitation, la danse, la musique sont des voies du cheminement. L'intériorisation, la contemplation, la sagesse en sont d'autres. Mais le soufisme ne se pratique pas seul. Il y a une transmission depuis les origines. En effet, l'aspirant est guidé par un maître spirituel, le *shaikh*. Notons que les femmes peuvent aussi atteindre la sainteté.

En dehors des compétences religieuses et métaphysiques, l'intelligence spirituelle incorpore divers champs spirituels tels que l'intuition, les capacités oniriques, l'accès à l'univers poétique, mais aussi la morale et les valeurs.

---

7. Junayd (830-910) est une haute figure de la spiritualité musulmane.

# 4.

# La composante morale

La morale est un sujet dans l'air du temps, que l'on déplore sa disparition ou que l'on critique les freins à la liberté que ses tenants imposeraient. Mais qu'est-ce que la morale ? C'est un ensemble de règles ou de principes selon lequel on dirige sa vie, sa conduite, ses mœurs, par rapport au bien et au mal. La fonction de la moralité est de promouvoir la coopération.

## Le vaste domaine de la morale

Les croyances, la culture, les conditions de vie, les besoins d'une société vont circonvenir la morale. Une morale est commune si elle est favorable pour le bien-être de tous. Il y a donc les conduites à tenir et les règles à respecter pour être accepté par la société. Mais il y existe aussi une dimension personnelle, qui est sa propre obligation morale. Or cette dernière va parfois à l'encontre de celle de la société.

Les valeurs morales sont définies par les hommes et les femmes. Elles sont différentes et varient d'une société ou d'une communauté à une autre, voire d'une personne à une autre. Elles sont dites relativistes.

D'autres en revanche considèrent que les valeurs morales trouvent leurs sources au sein de la nature, émanent de la raison ou encore de commandements divins. Elles sont alors dites comme absolues, intangibles. On parle de morale objectiviste.

La philosophie morale se réfère à la raison. À l'instar des morales religieuses, elle donne des éléments de réponse aux questionnements existentiels comme le sens de l'existence, la finalité de l'action humaine (ce que je dois accomplir ou changer en moi).

La métamorale correspond en philosophie à la recherche des origines et du sens de notre morale. La morale normative étudie les critères de nos comportements (devoirs, habitudes). La morale appliquée est l'application des deux premières à des problèmes singuliers, par exemple le droit de mourir dans la dignité.

On voit, à partir de ces nombreuses définitions, combien le champ de la morale est large et va au-delà d'un simple code de conduite. Il est à ce titre un espace de réflexion majeur pour l'intelligence spirituelle.

## La nécessité d'une instruction morale

Même si je reste circonspect face aux généralisations sur le monde d'aujourd'hui, surtout quand elles sont sinistres, je ne peux m'empêcher d'entendre régulièrement parler de nihilisme, d'absence de sens, d'errance morale qui envahissent l'Occident, ou de perte de repères et de culture du ressentiment en Orient. Au vu de cela, le ciel de la spiritualité semble aujourd'hui sinon refermé, du moins très obscurci.

Le XXIe siècle sera spirituel, prédisait André Malraux (et non pas religieux, comme on le lit parfois), ou ne sera pas[8]. En attendant, beaucoup évoquent des sociétés minées de l'intérieur, par des contradictions insurmontables, avec lit-on « un ensauvagement d'une partie de la population » et la crainte d'une évolution vers l'anomie, c'est-à-dire une société sans règles, sans structures, sans organisation naturelle ou légale, déclenchant un désordre social et le chaos.

« Celui qui aime la gloire met son propre bonheur dans les émotions d'un autre. Celui qui aime le plaisir met son bonheur dans ses propres penchants », écrivait l'empereur et philosophe romain Marc Aurèle (121-180), avant de conclure : « Mais l'homme intelligent le place dans sa propre conduite. » L'intelligence spirituelle permet de construire sa propre morale et sa propre éthique. L'intelligence morale est partie prenante de l'intelligence spirituelle. Un enseignement de morale est insuffisant pour développer l'intelligence morale, mais il est indispensable pour communiquer les matériaux qui vont permettre d'échafauder cette intelligence.

Longtemps, la morale n'était pas dissociable de l'éducation. Ce lien est remis en question ces dernières décennies. Car le rapport adulte-enfant est largement modifié aujourd'hui, ce qui génère du flou pour nombre d'entre eux, mais surtout l'horizon du bien

8. *André Malraux, la légende du siècle*, série télévisée de Claude Santelli et Françoise Verny, 1972.

n'apparaît plus comme une prescription communément admise. Impliquer comme aujourd'hui les enfants dans le monde des adultes participe à la volonté de les éclairer du réel au plus tôt, de stimuler leur développement cognitif et leur autonomisation. Mais l'erreur est de parfois brûler les étapes. On soutient aujourd'hui les jeunes enfants dans la voie d'une remise en question des règles morales, voire on leur enseigne cette révision avant que de leur enseigner lesdites règles. Avant d'apprendre à construire, on leur apprend la révision des fondements, voire le plaisir de remanier, de déconstruire ou simplement de détruire. Or l'apprentissage de ces règles est ce qui donne des repères moraux aux enfants qui en manquent aujourd'hui, comme certains adultes d'ailleurs.

Il ne faut pas craindre une instruction morale assumée comme telle. L'enseignement civique, juridique et social proposé de nos jours à l'école diffère de la morale, notamment dans sa dimension de vertu. Cette dimension vertueuse participe de l'appropriation de cette morale. C'est une force, un élan, qui constitue le second élément à acquérir une fois apprises les règles morales, mais aussi en parallèle de cet apprentissage. Afin que l'éducation morale nourrisse l'intelligence morale, la pluralité des opinions et des croyances sera prise en considération dans l'éducation de son enfant. L'objectif étant qu'à partir de ces choix, de ces libertés de pensée individuelles, on puisse aboutir à une morale commune, une morale communément admise, mais aussi appropriée individuellement comme une morale personnelle qui dépasse le simple champ du juridique et du civisme.

L'intelligence morale est la part de la psyché humaine, une part fondamentale, qui permettra à son enfant d'avoir un comportement adapté et juste dans une société particulière, et d'être en paix avec les autres, mais aussi avec lui-même.

## LES SIX ÉTAPES DU RAISONNEMENT MORAL

L'intelligence morale est un concept qui date du milieu du XX^e siècle. On peut considérer qu'elle est une des branches de l'intelligence spirituelle dans ses choix et sa mise en application ; même si la dimension de raisonnement emprunte aussi à l'intelligence rationnelle. Dans les années 1960 un psychologue américain, Lawrence Kohlberg (1927-1987), a travaillé sur un modèle de développement moral et a défini six étapes. Il s'est inspiré notamment des étapes du développement intellectuel des enfants définies par le psychologue Jean Piaget, que les travailleurs de la petite enfance connaissent bien. Pour cela, il a soumis des dilemmes moraux à des individus et il a analysé leur mode de raisonnement, qu'il a ensuite classé. Ces six stades se développent en se succédant les uns aux autres. C'est une progression individuelle, et quand un stade a été acquis par quelqu'un, celui-ci peut comprendre les raisonnements des stades précédents. Mais tout le monde ne parvient pas au dernier stade. Les voici :

- **Stades 1 et 2 :** la prémoralité ou moralité préconventionnelle. Les règles sont perçues par l'enfant (ou l'adulte immature), mais son égocentrisme les relativise. Il ne les perçoit que par les réprimandes ou les récompenses. On distingue deux stades :

— Dans le stade 1, l'enfant se fixe sur les conséquences directes de ses actions sur lui-même. En fonction de cela, il obéit et évite les réprimandes et punitions éventuelles.

— Dans le stade 2, l'enfant se fixe sur son intérêt personnel et vise les récompenses ou avantages. Mais cela reste dans une perspective égotiste, et non pas sous un angle relationnel ou en vue de l'intérêt collectif.

- **Stades 3 et 4 :** la morale conventionnelle. Les enfants au-delà de 7 ans au plus tôt atteignent généralement ce stade. On juge la moralité des actions selon les attentes et opinions de la société. On accepte les conventions sociales de bien et de mal. On obéit aux normes, aux règles, aux lois, même s'il n'y a pas de conséquences sur soi-même immédiates.

On remet peu en question les règles. L'esprit des lois, l'équité ou la pertinence d'une règle importent peu. On est conventionnel.

— Le stade 3 vise les bonnes relations et l'acceptation des autres. On est sensible à l'approbation ou à la désapprobation du groupe. On considère comme avantageux d'être bien considéré. L'obtention du respect, de la reconnaissance d'autrui permet de mesurer la moralité de ses actions.

— Dans le stade 4, on a une vision plus globale. Le respect des lois et des conventions sociales est jugé important pour le maintien de l'ordre social. L'autorité est jugée nécessaire.

- **Stades 5 et 6 :** la moralité postconventionnelle. C'est une moralité basée sur des principes qui vont au-delà des bornes d'une société. Une personne sur cinq atteindrait ce stade. Si les règles sociétales ne sont pas compatibles avec leurs principes, elles peuvent y déroger. Ces principes touchent les droits fondamentaux des individus, comme la justice, la liberté, la vie. Pour ces personnes, les règles sont nécessaires notamment pour protéger l'ordre social et le droit des individus, mais on peut les modifier. L'esprit des lois importe, et les règles doivent être questionnées au nom de ces principes.

— Dans le stade 5, les lois ne sont pas des diktats rigides, mais relèvent du contrat social qui accepte la liberté d'opinion et de valeurs, et qui reconnaît les droits fondamentaux. La primauté revient au bien commun du plus grand nombre.

— Avec le stade 6, on atteint les principes moraux universels. La morale repose sur une pensée abstraite qui s'appuie sur des principes éthiques. Une loi n'est valide que si elle est juste. On doit désobéir aux lois iniques. Les contrats sociaux ne sont pas indispensables pour l'action morale déontique[9], donc les droits légaux ne sont pas indispensables. On agit ainsi parce que c'est juste et non parce que c'est convenu, pour éviter une punition ou pour son propre intérêt. Seuls 13 % selon Kohlberg à son époque aboutiraient au stade 6.

9. Qui constitue une obligation, une nécessité, un devoir.

Ce modèle n'est pas exempt de critiques. La psychologue Carol Gilligan a considéré que la primauté était faite aux valeurs de justice aux dépens d'autres valeurs morales telles que l'attention à l'autre. Sont également intéressantes les observations d'un courant émanant de psychologues qui considèrent qu'à l'origine les décisions sont intuitives : le raisonnement moral apparaîtrait secondairement et ne serait qu'une rationalisation a posteriori.

L'intelligence morale participe au développement de l'aptitude à vivre ensemble, à l'estime de soi et de l'autre dans l'empathie ou la culture de la sensibilité.

## Les notions de bien et de mal

On a vu que la morale prenait appui sur le rapport entre le bien et le mal. Le bien sur le plan moral est l'ensemble de règles de conduite considérées comme bonnes de façon absolue ou découlant d'une certaine conception de la vie. Le bien est la valeur normative de la morale opposée au mal. Cette détermination du bien et du mal peut se réaliser dans le domaine de la religion, de la loi, de règles d'honneur, de civilité, d'humanisme, d'utilité collective, de l'intérêt public ou particulier. Pourquoi faire le bien ? Sans doute parce que cela fait du bien.

Définir le bien sur le plan moral n'est pas une chose aisée. C'est accorder du bien-être à autrui immédiatement ou sur le long terme. Mais cela peut en contrepartie occasionner du mal pour un autre (Robin des Bois fait du bien aux pauvres et du mal aux riches). Le bien doit s'inscrire dans un projet de vie, dans lequel par exemple on fera le maximum de bien et le minimum de mal. Pour être un homme et une femme de bien, on va au-delà de la simple application des règles morales. On se vit comme un être digne, intègre, bon, valeureux qui, sans se négliger, en respectant la dignité d'autrui, inscrit son mode de vie en conformité avec une structure morale ; que ce soit une vie en concordance avec un bien divinisé ou un humanisme.

La spiritualité n'est pas la condition de la morale. Certains appliquent des principes moraux qui leur ont été enseignés plus ou moins fermement sans avoir d'élaboration personnelle ni d'appropriation mentalisée de ces principes.

Il y a bien sûr un angle social, un angle religieux et un angle politique de la morale. L'intelligence morale dont il est question ici a comme fondement l'autonomie de la volonté. Elle permet de passer à une dimension supérieure au simple égoïsme et à la conservation de soi. Il peut s'agir d'une expérience singulière imprévue qui pousse à l'action ou à la retenue. On pense à Antigone, le personnage de l'Antiquité grecque, fille d'Œdipe, qui s'opposa jusqu'à la mort au roi Créon, qui avait interdit d'enterrer le frère d'Antigone pour des raisons politiques. On pense aussi aux résistants de la Seconde Guerre mondiale. Cela peut correspondre à un appel de l'intérieur et pas simplement à une appartenance idéologique, car c'est d'ailleurs parfois contre son groupe d'appartenance. Cette dimension supérieure de la moralité est un élément fondamental de l'intelligence spirituelle.

## LES SEPT VALEURS MORALES UNIVERSELLES

Oliver Scott Curry, anthropologue anglais de l'université d'Oxford (Royaume-Uni), et ses collègues ont étudié sept types de coopération que l'on trouve dans une soixantaine de cultures. Ils montrent que chacun de ces types explique un mode de valeur morale spécifique. Ces sept règles morales semblent universelles à travers les cultures. Dans la plupart des sociétés, en divers continents, des exemples de ces principes moraux existent. En tout cas, selon les auteurs, on ne retrouve pas de société où ces principes seraient jugés moralement mauvais.

1. **Les valeurs familiales** (affectation des ressources à la famille) : l'altruisme envers la famille est favorisé socialement dans toutes les cultures, des cueilleurs aux sociétés modernes.
2. **La loyauté de groupe** (coordination pour l'avantage mutuel) : l'union fait la force et assure la sécurité. C'est pourquoi l'unité, la solidarité et la loyauté sont valorisées, car elles favorisent le mutualisme.
3. **La réciprocité positive et négative** (échange social) : l'échange social, qu'il soit positif ou négatif, explique la confiance vis-à-vis des autres, les échanges de faveurs, la culpabilité, le pardon, les sentiments de gratitude.
4. **Ténacité et courage** : la ténacité est valorisée dès l'enfance dans nombre de cultures. Elle est en lien avec le courage mais aussi avec la compétitivité voire l'agressivité.
5. **L'obéissance** : l'obéissance est inculquée aux plus jeunes dans la majorité des cultures et s'étend au respect des supérieurs chez les adultes.
6. **L'équité** (division des ressources) : les ressources, au lieu d'être disputées, peuvent être divisées avec équité.
7. **Le droit de propriété** (possession) : le vol est condamné et le droit à la propriété privée est présent dans la plupart des cultures – même si c'est contesté dans la pensée anarchiste de Pierre Joseph Proudhon (1809-1865) pour qui : « La propriété, c'est le vol ! »

Cette éducation morale et la transmission des valeurs aux enfants se font dès que l'enfant parle et sont indispensables au développement de son intelligence spirituelle.

À l'opposé de la morale se trouve un autre aspect fondateur de l'intelligence spirituelle : c'est l'intuition. Encore que certains pensent que des morales ou des valeurs personnelles ne relèvent pas seulement de l'éducation ou d'une réflexion personnelle et spirituelle approfondie, mais aussi d'une intuition personnelle.

# 5.

# La dimension créative

## L'intuition : le terreau de l'intelligence spirituelle

*Thomas a 5 ans. Ses parents vont lui offrir un chiot noir et blanc comme il le réclamait. Arrivés chez l'éleveur, Thomas et ses parents font connaissance avec le chiot vu en photo, la mère du chiot et un frère du chiot qui a la robe toute noire. Contre toute attente, Thomas refuse absolument de repartir avec le chiot prévu. Il n'a pas d'arguments pour justifier son refus. Il se contente de répéter qu'il ne le veut plus, et sa crise de larmes fait céder les parents. L'éleveur accepte de vendre à la place le chiot noir, avec lequel*

*Thomas et ses parents repartent. Le lendemain Thomas dessina son chiot baptisé Noiraud avec sa mère et son frère noir et blanc. Mais ce qui surprit les parents, c'est que Thomas dessina une croix sur ce dernier. Ils lui demandèrent la raison et Thomas déclara : « Il est mort dans mon dessin. » Les parents interprétèrent cela comme une mort symbolique du chiot puisque Thomas y avait renoncé pour Noiraud. Mais une semaine plus tard, donnant des nouvelles par téléphone à l'éleveur de Noiraud, les parents apprirent que le chiot noir et blanc était mort subitement, sans cause décelée, deux jours après leur venue.*

Sans nul doute l'intelligence rationnelle occupe-t-elle une grande place dans l'esprit. Elle est constitutive de l'espèce humaine. Elle sous-tend la science, qui permet aux hommes d'avancer, de progresser. L'homme et la femme, avec cet outil, travaillent sur des concepts ou des éléments solides tout faits, qui sont sécables, analysables, qui peuvent être recombinés, ordonnés, organisés en système. Mais là est aussi la limite de l'intelligence rationnelle. Aux côtés de cette intelligence, il existe un autre outil qui n'a pas ces contraintes et qui semble s'inscrire en complémentarité. C'est une zone obscure mais féconde de l'esprit, qui se nomme l'« intuition ».

A priori l'intuition est totalement détachée, voire opposée au rationnel. Elle est aussi différente de l'émotionnel en ce sens qu'elle produit des pensées et des idées, et non pas seulement des ressentis. En revanche, l'intuition a toute sa place dans l'intelligence spirituelle, dont elle serait une sous-unité qu'on pourrait qualifier d'intelligence intuitive.

## *Une saisie immédiate des choses et des êtres*

Mais qu'est-ce que l'intuition, à laquelle les neurosciences s'intéressent aujourd'hui, sans pourtant nous en révéler les mécanismes profonds ? Elle se définit comme une forme très rapide et très complète d'intelligence. C'est une intelligence de situation[10], une intelligence des êtres qui permet des résolutions de problèmes sans faire usage d'opérations logiques, de discours, ni d'analyses. C'est une connaissance à la fois directe, immédiate et claire de vérités qui paraissent après coup parfois évidentes. C'est une opération mentale qui se produit sans user de la raison, comme inconsciemment. Seule sa conclusion est disponible à l'attention consciente. Avec l'intuition, on a une vision (c'est d'ailleurs l'étymologie du mot « intuition ») qui se manifeste telle quelle dans son esprit. En théologie, elle fait écho à la foi puisqu'elle est une vision claire et certaine de Dieu, indépendamment de toute réflexion.

Les territoires de l'intuition sont vastes : ils englobent la connaissance proprement dite (représentation du monde) ainsi que les sentiments (sur les choses) ou les motivations (à agir). En amour par exemple, la raison a peu sa place et l'intuition joue sans doute un grand rôle, même si on ne la suit pas toujours. Si l'amour est aveugle, l'intuition est sa canne blanche.

---

10. L'intelligence de situation représente en fait la capacité des individus à comprendre les contextes et les personnes de manière à agir en connaissance de cause, de façon que tout échange soit profitable et produise de la réussite.

*Lisa était dans la cuisine préparant le repas pour la famille tandis que Louis, son petit garçon âgé de 8 mois, dormait profondément dans sa chambre à l'étage. Soudain, alors que seul le bruit de la cuisson et du poste de radio se faisait entendre, une intuition terrible s'empara d'elle. Elle lâcha son couteau et se précipita auprès du berceau de Louis. Il était sur le dos, mais une grosse peluche sur le visage gênait sa respiration. Dans la chambre à côté, la grande sœur de Louis, âgée de 5 ans, jouait tranquillement après avoir gentiment prêté sa peluche préférée à son petit frère. Il était plus que temps pour Lisa de retirer cette peluche pour que Louis retrouve son souffle vital.*
*Comme la raison, l'intuition peut sauver notre vie.*

L'écrivain Victor Hugo déplore dans ses *Proses philosophiques* (1860-1865) que l'on tienne « pour suspectes l'induction et l'intuition », alors que selon lui « l'induction est le grand organe de la logique et l'intuition le grand organe de la conscience ». Si c'est par la logique qu'on prouve, c'est souvent par l'intuition qu'on trouve. La première achève l'œuvre de la seconde. L'ordinateur restitue tous les concepts possibles, mais il n'est pas capable d'intuition ; cette démarche subtile, méconnue, qui peut conduire à la découverte. Elle guide la connaissance comme une voix inconnue. Elle guide l'amour aussi, qui est une autre forme de connaissance. Elle se nourrit d'indices subtils et invisibles. La science ne peut remplacer l'intuition, pas plus que la technique ne remplacera la morale. Pour le génial Albert Einstein (1879-1955) : « Le mental intuitif est un don sacré et le mental rationnel est un serviteur fidèle. » Cependant, il déplorait, que nous ayons créé « une société qui honore le serviteur, mais qui a oublié le don ».

On a longtemps dit (et beaucoup le disent encore) que l'intuition était féminine. Sans doute était-ce une façon de distinguer l'intuition du rationnel tout en faisant du rationnel l'apanage des hommes. Sans doute aussi, cette association (qu'on dirait aujourd'hui genrée, voire sexiste) entre intuition et sexe faible témoignait du fait que l'intuition était considérée comme inférieure à la raison.

L'intuition chez les poètes et les mystiques devient inspiration, qu'elle soit un élan créateur qui anime l'écrivain ou l'artiste, un mouvement intérieur qui porte à accomplir tel acte ou un souffle divin qui anime l'esprit d'une sorte de transport.

Indépendante de la rationalité, l'intuition est le terreau de l'intelligence spirituelle par sa saisie immédiate de la vérité sous la forme d'une certitude fulgurante qui s'impose ou encore par une réaction corporelle plus ou moins intense. Pour le philosophe Platon (428-348 avant J.-C.), cette saisie se fait par l'âme (ou l'esprit) indépendamment du corps, tandis que pour le philosophe Épicure (342-270 avant J.-C.) cette saisie se fait à l'inverse par le corps indépendamment de l'âme. Les philosophes du XVIIe siècle Descartes et Pascal la voyaient comme un sens bien distinct du raisonnement. Jean-Paul Sartre nie ce clivage, car pour lui toutes les connaissances sont intuitives. « La déduction et le discours, improprement appelées connaissances, ne sont que des instruments qui conduisent à l'intuition[11] », pense-t-il. Pour Carl Gustav Jung, psychanalyste contemporain de Sigmund Freud, l'intuition représente une des polarités de notre mode de perception. Pour le physicien Arthur Koestler (1905-1983), l'intuition est un processus psycho-

11. Jean-Paul Sartre, *L'être et le néant*, Gallimard, 1943.

logique de régression. La pensée reviendrait à un mode d'avant le langage, d'avant l'installation des grandes capacités rationnelles et des contrôles intellectuels qui l'accompagnent. On glisserait vers un mode de fonctionnement mental plus primitif, normalement censuré, en se débranchant des connexions habituelles d'analyse pour des connexions non plus verbales, mais plutôt visuelles, analogiques ou métaphoriques donnant une synthèse intuitive des différents liens cachés. Cette théorie a l'intérêt de donner à penser que le nouveau-né aurait une intuition déjà opérante avant que son langage et son intelligence rationnelle comme émotionnelle ne se développent. Il s'agirait alors dans le cadre du développement de l'intelligence spirituelle de son enfant de l'aider à conserver son intelligence intuitive tout en maintenant évidemment le développement de son langage et de ses autres formes d'intelligence.

Les réflexions du philosophe Henri Bergson (1859-1941) sur l'intuition ont fait date. Dans son recueil de textes, intitulé *La pensée et le mouvant*, il voit dans l'intuition ce qu'il y a de plus lumineux dans la conscience. C'est pour lui l'esprit qui se saisit lui-même. Il compare, pour entrer en contact avec la pensée, la simplicité de l'intuition à l'intelligence rationnelle qui découpe et se tient à distance du réel[12]. Il considère que l'intuition procède d'une forme de sympathie. Le terme « sympathie » est ici à prendre, non pas au sens de qualité morale, mais comme une mise en contact avec autrui ou avec l'environnement. C'est un mode de connaissance qui nous fait accéder au mouvement qui anime les choses, c'est sentir ce qui meut l'autre

12. Comme le montre le philosophe David Lapoujade qui décrypte la pensée de Bergson dans son livre *Puissances du temps* paru aux Éditions de Minuit en 2010.

par exemple. Bergson voit donc dans le processus intuitif un rapport de l'esprit avec lui-même. L'esprit ne sort pas de lui-même quand il est dans un rapport d'intuition avec le monde. C'est une « auscultation spirituelle du monde[13] ». Une sympathie avec le monde, car c'est la sympathie qui va nous mettre en relation avec autre chose. La sympathie pour Bergson est le fait de participer à un autre mouvement que le sien et par là d'entrer à l'intérieur de quelque chose. Tandis que l'intelligence rationnelle se maintient hors des choses qui existent pour les analyser, les découper, les nommer, les organiser en un système, la sympathie pénètre dans les choses.

Le philosophe Aristote (384-322 avant J.-C.) mentionnait déjà la connaissance par sympathie dans un texte fameux, l'*Éthique à Nicomaque*. Quelques siècles plus tard, le philosophe chrétien Thomas d'Aquin (1225-1274) développa ce concept. Il explique qu'à côté de la connaissance par concepts il y a des domaines où l'on connaît choses et êtres parce que entre eux et nous existe une forme de parenté profonde. La sympathie est alors un chemin de connaissance indépendant du rationnel. Les reconnaissances s'établissant sans concept ni paroles. Dans l'intuition, via la sympathie, quelque chose qui se produit au-dehors va alors se produire de la même façon en nous, comme par analogie. Ce mouvement qui se produit au-dehors, nous l'esquissons nous-mêmes. Nous le produisons nous-mêmes comme quelque chose que nous découvrons en nous. Que ce soit, par exemple, le mouvement d'une danse ou un autre mouvement du monde, nous le rejouons en nous et par là nous y accédons intuitivement.

13. Adèle Van Reeth, philosophe, *Les nouveaux chemins de la connaissance*, émission diffusée sur France Culture le 21 juin 2017.

Les neurosciences sont aujourd'hui un soutien à cette théorie avec la découverte des neurones miroirs. Ce sont des neurones du cerveau qui sont actifs aussi bien quand on exécute une action que quand on observe quelqu'un exécuter cette même action, ou simplement qu'on l'imagine (ainsi, l'enfant va bouger sur son siège en voyant au cinéma un enfant sur un poney ou un bébé va ouvrir la bouche en voyant sa mère le faire en lui tendant la cuillère).

Nous rejouons pour nous ce qui se joue au-dehors, et nous découvrons en nous ce que nous ignorions posséder grâce à la sympathie qui nous relie au monde. L'esprit découvre au fond de lui-même d'autres choses qui tout à la fois sont très intimes et forment une altérité en nous. C'est un rapport de soi à soi pour autant que le soi avec lequel nous sommes en rapport est comme un autre en nous.

## *Le fruit d'un cheminement intellectuel*

Si certains artistes ont une vision intuitive du monde autrement que par l'intelligence pratique et rationnelle, entrer en rapport intuitif avec soi-même n'impose pas d'être un artiste ou un mystique.

On peut aider son enfant à amplifier ses capacités intuitives. Car, même s'il possède déjà de l'intuition, les connaissances acquises ne suffisent pas à elles seules pour la nourrir. Paradoxalement, développer l'intelligence rationnelle de son enfant ne nuit pas au développement de son intuition. Loin de là, puisque la découverte intuitive peut apparaître après un long travail de réflexion intellectuelle qui aura débroussaillé le terrain. En effet, quand un adolescent doit élucider un problème, par exemple répondre à la question : « Qu'est-ce que l'amour ? », il ne lui suffit pas de prospecter en lui-même comme par divination. Il peut lire des textes de poètes, de philosophes, de neuroscientifiques, écouter l'expérience en ce domaine de gens âgés, faire des hypothèses, des expériences, des démonstrations. Ce travail conduit à une création ou à une découverte de quelque chose de préexistant qui se révèle à la lumière de ce travail de réflexion ; travail qui rend intelligible ce qui est d'un autre ordre au fond de soi. L'intuition apparaît comme un court-circuit, où la découverte a la simplicité de l'évidence.

L'intuition est un point de densité extraordinaire. Elle donne un résultat précis et concis, mais cette netteté ne doit pas nous masquer la complexité des abstractions qui la traduisent. Si une idée ou une pensée, bref une représentation mentale était l'univers, elle serait un point, une bille qui condenserait tout l'univers. Mais, toujours selon cette comparaison, si après le big bang ce point, cette bille explosait et s'étendant devenait l'univers expansif comme on le connaît actuellement, il faudrait la longue observation de tous ces éléments pour percevoir l'univers dans son ensemble. La perception de la bille serait l'intuition, et l'observation de tous les éléments disparates après l'expansion serait l'intelligence rationnelle. On voit que le simple apparaît parfois à la fin d'un long cheminement. Il faut quelquefois l'œuvre d'une vie, qu'elle soit composée de livres, de compositions musicales ou picturales, pour aboutir à une idée qui paraît simple une fois découverte. Il n'est pas rare que le labeur délivre l'intuition. C'est parfois un long travail complexe d'observation et d'élaboration déductive qui conduit à la simplicité de l'intuition. À l'image de ces professeurs qui peuvent expliquer des notions extrêmement compliquées en termes très simples à leurs élèves, mais qui n'y parviennent qu'après un long travail de compréhension et d'appropriation. L'intuition ne demande pas moins d'efforts que l'intelligence rationnelle. C'est sans doute le contraire. On stimule tant l'intelligence rationnelle au fil de l'éducation qu'elle nous demande finalement un moindre effort. Il faut aussi faire l'effort d'aller vers le simple. Nous verrons dans la troisième partie comment développer l'intuition chez son enfant.

La pensée des poètes est souvent intuitive et se nourrit de sympathie avec les êtres et les choses, mais au commencement de la poésie est le verbe, et la connaissance poétique s'appuie sur l'écoute attentive d'un texte.

## Le rôle de la poésie

La poésie est un genre littéraire très ancien. Bien qu'elle soit moins présente aujourd'hui, nous y avons tous été sensibilisés, ne serait-ce que lors de nos premières années d'école. Nous allons voir en quoi la poésie est à la fois le fruit de l'intelligence spirituelle et un outil essentiel pour la développer chez l'enfant. Ses formes sont diverses. Elle se distingue des autres modes d'écriture parce qu'elle privilégie l'expressivité de la forme. Attention, la poésie n'est pas l'art simple d'une mise en forme. Cet art est poésie seulement si une intuition poétique, un souffle spirituel le traverse et le transcende. Les mots vont alors dire bien plus qu'eux-mêmes par leur choix (sens, sonorité) et leur agencement (métrique, figure de style, rythme). Cette combinaison des mots, leurs sens avec leurs consonances, les harmonies imitatives, les allitérations[14], le souffle et les

14. Par exemple, dans ces deux vers de « Booz endormi » : « Un frais parfum sortait des touffes d'asphodèle ; / Les souffles de la nuit flottaient sur Galgala », Victor Hugo, grâce aux allitérations de *f* et de *l*, évoque avec la nuit tiède la douce brise traversant le paysage.

rythmes, tout cela va suggérer chez le lecteur ou encore mieux chez l'auditeur – car la force de la poésie est plus vive à l'oreille – des images, des sensations, des émotions, des idées.

La poésie va au-delà du simple langage fonctionnel, du langage utilitaire, pour le transcender et donner à entendre d'autres choses. C'est pour cela qu'elle peut dérouter un cerveau trop rationnel. On le sait : lire des poèmes est très différent de lire un article de journal. Ce n'est pas recueillir une information. Le contenu d'un poème, d'un message poétique n'est pas immédiatement explicable. L'expliquer n'en révèle pas son mystère, pas plus que le mystère du temps ne serait expliqué par le démontage d'une horloge. C'est parfois une grappe d'images ou encore une hésitation entre le son et le sens. La poésie sollicite l'imaginaire de l'auditeur ou du lecteur, qui donne sa propre interprétation, sa propre subjectivité et exprime en retour sa propre vibration. Et relire un poème à un autre moment en fait souvent un autre poème.

Le langage sert à communiquer avec autrui. Devenu poétique, l'objet du langage n'est plus la réalité extérieure et sensible, mais lui-même. Le langage se prend alors lui-même comme objet. Il joue de ses sons, de ses résonances et de ses sens. Il cherche à faire œuvre de beauté, de plaisir, de divagation. La poésie est la fine pointe de la langue. Or la langue sous-tend la pensée. La poésie accompagne l'ornementation de notre pensée. La poésie fait ainsi appel à l'irrationnel. Elle est surtout affaire d'intuitions, d'associations, de sensibilité, de rêverie. C'est une manière nouvelle de voir le monde, hors de toute volonté de domestication à des fins utilitaires.

Le poète est soucieux de la beauté formelle (en poésie artistique) ou s'attache à cultiver le chant intérieur ou celui de l'âme (poète lyrique). Il est parfois prophète, découvreur du monde et voyant.

Quand il est poète engagé, sa spiritualité n'est pas dans la forme, mais elle est essentiellement en lien avec son contenu, qui est la défense de valeurs, d'idéaux. Le poème fait entendre notre langue de façon nouvelle et inattendue. L'enfant qui l'entend peut ainsi aller au-delà de la surface des choses ordinaires. Toutes les choses ont un mystère, et la poésie est le mystère de chaque chose. Elle en dit long, vite fait ! C'est le plus court chemin d'une sensibilité à une autre.

L'écoute de ces textes poétiques, qui suscitent entre autres choses émotions et interrogations, participe par ses répercussions au développement de l'intelligence spirituelle des enfants. La poésie ne prouve rien. Elle est sa propre caution. Pour la trouver au-dehors, il faut en porter les germes en soi. Elle n'explique pas, mais elle rend l'inexplicable perceptible et compréhensible. Si elle se comprenait d'emblée, ce serait de la philosophie et elle disparaîtrait. Pour le poète Guillaume Apollinaire (1880-1918) : « En poésie nous avons des droits sur les paroles qui forment et défont l'univers. » La poésie donne à voir l'invisible, celui qui est en nous et hors de nous. L'invisible n'est pas une chimère ; ainsi, en psychologie c'est l'inconscient, en physique c'est le vent ou l'infiniment petit, en astrophysique c'est la matière noire. L'écoute poétique nous met à l'écoute des mondes. « Une autre vie est là comme l'eau sous la glace, à l'abri du grand gel qui pince et fait très mal, une enfant qui chantonne et se parle à voix basse », écrivit le poète Claude Roy (1915-1997). On pourrait parler d'inconscient poétique si les psychanalystes ne s'étaient pas accaparé ce concept. Alors que le langage fonctionnel décrit le monde en le découpant, la poésie, en échappant aux règles habituelles, nous délivre des notions chronologiques et nous fait pénétrer d'autres réalités. Elle s'inscrit dans les quatre dimensions du continuum espace-temps. L'enjeu de la poésie est de faire entendre à l'enfant les profondeurs et les mystères du monde. Chez le croyant, la poésie mène au divin.

Jacques de Coulon, dans son livre *Soyez poète de votre vie*[15], montre que la poésie peut transfigurer l'existence, lui redonner des couleurs, nous sortir du conformisme et de la monotonie. En modifiant l'éclairage, elle suffit à renouveler le regard qu'on porte sur soi et sur son environnement. En libérant les émotions et l'imaginaire, la poésie fait vibrer des symboles au plus profond de notre psyché. Elle nous élève et nous vivifie. Et rend la vie supportable. La poésie s'associe à un mode de pensée qui n'est pas corseté par le matérialisme du monde. L'auteur propose le concept de thérapie par la poésie pour aider petits et grands à vivre mieux, à traverser les moments pénibles de l'existence, en adoucissant l'esprit, et aider l'homme et la femme à se réinventer et à se transformer en profondeur. Il conseille une pratique régulière de la poésie, notamment pour diminuer l'impact du stress.

La poésie est le mode d'expression des émois. Pour les croyants, elle chante l'âme. Elle est fantaisie, émerveillement, comme chez les poètes Alfred de Musset (1810-1857) ou Jacques Prévert (1900-1977) où s'égrènent les énumérations qui rapprochent ou séparent, de manière inattendue, des alliances de mots comiques, des coq-à-l'âne, des ellipses qui disloquent le réel pour le reconstruire plus tard selon une vision nouvelle très éloignée de nos concepts routiniers.

Pour le professeur de littérature Henri Lemaître (1912-1987), l'essence de la poésie est « le sentiment continu de correspondances secrètes, soit entre les objets de nos divers sens, formes, couleurs,

15. Paru aux Éditions Payot en 2009.

sons et parfums, soit entre les phénomènes de l'univers physique et ceux du monde moral, ou encore entre les aspects de la nature et les fonctions de l'humanité ».

La poésie nourrit l'intelligence spirituelle, car elle permet d'évoquer les aspects qu'un discours rationnel ne peut pas bien définir. Rien d'étonnant alors que certains thèmes soient plus poétiques que d'autres, comme la nature, l'amour, la mort, la fuite du temps, Dieu, la destinée. Pour le poète Arthur Rimbaud (1854-1891), la poésie est un moyen d'entrer par effraction dans le temple sacré du mystère. Il ajoute : « Je dis qu'il faut être voyant, se faire voyant – le poète se fait voyant par un long, immense et raisonné dérèglement de tous les sens. »

À l'adolescence, le monde est perçu parfois étrangement, avec un détachement morne ; il apparaît telle une collection d'objets et de mécanismes absurdes. C'est alors que la poésie peut permettre aux unités de notre monde sensible de se reformer. Il n'est pas étonnant qu'à cet âge, alors que l'intelligence spirituelle, comme les autres formes d'intelligence d'ailleurs, est en expansion, on y soit plus sensible, qu'elle soit chantée ou non, et qu'on ait besoin d'en écrire.

*Mei, 15 ans, que je vois en consultation, me dit qu'elle « écrit pour ne pas s'automutiler ». Elle ajoute « l'encre est mon sang ».*

Nous verrons en troisième partie comment éveiller les enfants à la poésie. Comme la poésie, les rêves sont friands de symboles. Ils sont les outils d'une autre forme de l'intelligence spirituelle. Les rêves sont une voie majeure de connaissance de soi, mais aussi peut-être du monde.

## L'intelligence des rêves

Le rêve désigne un ensemble de phénomènes psychiques éprouvés au cours du sommeil. On pourrait parler d'intelligence onirique à propos de la capacité à faire le lien entre ses rêves et ses inquiétudes masquées, ses besoins, ses désirs enfouis, mais aussi ses intuitions, ses réflexions, ses analyses. D'ailleurs, le verbe « songer » possède à la fois le sens de rêver et celui de réfléchir.

*Mathieu, 12 ans, se souvient d'avoir trouvé la solution à son problème de mathématiques, sur lequel il planchait en vain la veille, lors d'un rêve.*

Il est aujourd'hui démontré que les rêves sont aussi suscités par un besoin d'apprendre, c'est-à-dire d'intégrer de nouvelles informations[16]. Il s'agit donc bien d'une forme de l'intelligence.

Pour Cocteau : « Les rêves sont la littérature du sommeil[17]. » Les rêves influent sur notre existence. Sur la vision de soi bien sûr, mais aussi sur celle qu'on a des autres, de son environnement. Ils peuvent modifier notre existence. La trace d'un rêve n'est pas moins réelle que celle d'un pas. « Nous sommes de l'étoffe dont sont faits nos rêves, et notre petite vie est entourée de sommeil[18]. »

---

16. Harvard Medical School, « Scientists Learn To Program Human Dreams », *Science Daily*, 13 octobre 2000. URL : https://www.sciencedaily.com/releases/2000/10/001013073843.htm

17. Jean Cocteau, *Le mystère laïc*, Éditions des Quatre Chemins, 1928.

18. William Shakespeare, *La tempête* (1611), Folio, 1997.

Au fil des époques et des cultures, le rêve a été un moyen d'accéder au divin, aux ancêtres, aux autres univers, de voyager dans le temps et l'espace, mais il a été aussi un moyen de connaissance, de protection et de guérison. Ainsi, le célèbre médecin grec Hippocrate, sur les travaux duquel s'est bâtie la médecine occidentale, considérait déjà il y a 2 500 ans que le rêve et le contenu du rêve peuvent refléter l'état du corps, indiquer ou annoncer l'état de santé ou de maladie, ce que l'on sait aujourd'hui, selon que ses matériaux étaient agréables, ordonnés, clairs, limpides ou au contraire pénibles, désordonnés, disproportionnés ou confus. La dimension spirituelle du rêve, au sens religieux du terme, est fondamentale. En effet, dans les diverses religions, le rêve est très souvent considéré comme un mode de communication entre les dieux et les hommes. Dès l'Égypte ancienne, selon un livre de sagesse, les dieux auraient créé les rêves pour envoyer des messages aux hommes et aux femmes. Dans l'Ancien et le Nouveau Testament, on trouve des références aux songes, essentiellement ceux des prophètes : « S'il y a parmi vous un prophète [...], c'est dans un songe que je lui parle » (Livre des Nombres, 12, 6). On peut aussi citer l'ange Gabriel (Jibril) apparu à Mahomet en songe dans une grotte près de La Mecque. Dans les pratiques et croyances chamaniques, le rêve est une clé qui permet de sortir de soi-même. Par exemple, chez les anciens peuples sibériens, l'homme aurait un esprit animant son corps qui, lors des rêves, le quitterait pour partir à l'aventure.

Les arts et la littérature se sont aussi largement emparés des rêves. Dans la période moderne, la psychologie et la neurologie se sont passionnées pour la « science » des rêves. Par exemple, en 1897, la médecin russe Marie de Manacéïne fit l'hypothèse que le rêve permet de se connecter à un imaginaire collectif. On démontrera au fil du XXe siècle que le rêve est une activité cérébrale à part entière, aussi différente du sommeil que le sommeil l'est de l'éveil. Et le rêve est autre chose que l'imaginaire. On peut faire l'expérience suivante :

- Tendez un bras face à vous et promenez-le de droite à gauche en suivant l'index des yeux sans bouger votre tête. Remarquez comme le mouvement latéral de vos yeux est fluide.
- Ensuite, fermez les yeux et imaginez ce même doigt faisant le même déplacement, tout en essayant de le suivre du regard en imagination. Vous ferez alors le constat que vous ne pouvez pas avoir la même fluidité du regard, le mouvement des yeux étant cette fois saccadé.

C'est parce que l'imagination n'est pas assez performante pour nous égarer. En revanche, en rêve le mouvement est fluide, le rêve est bien plus réaliste que l'imagination. D'ailleurs, ce sont les mêmes réseaux neuronaux qui sont activés dans nos actions réelles ou nos actions rêvées.

Aujourd'hui, les sens des rêves, leurs significations, leurs fonctions questionnent toujours. Les approches actuelles sont psychodynamiques et neurobiologiques. Moi-même j'utilise l'interprétation psychanalytique des rêves pour comprendre et soigner mes patients. Pour la neurologie actuelle, le rêve est un besoin physiologique. Notons que quand on parle de rêve, il s'agit du souvenir du rêve. En effet, le rêve est un fait neurobiologique que l'on peut aujourd'hui repérer par des techniques d'imagerie cérébrale, et c'est également un vécu subjectif pour le rêveur. Mais en état de veille, quand on raconte son rêve, il devient alors un fait mémoriel plus ou moins précis, un souvenir du rêve, et son récit est aussi un autre filtre (un fait langagier).

Dès 1900, les travaux du Dr Sigmund Freud apportent une lecture nouvelle des rêves et de leur interprétation. C'est pour lui la voie royale menant à la connaissance de l'inconscient. Freud s'intéresse aux contenus latents du rêve, qui correspondent aux pensées, croyances, désirs, appréhensions, fantasmes que le rêveur a refoulés dans son inconscient et que le travail du rêve, en contournant la censure de la pensée consciente, va transformer en contenu manifeste du rêve. Ainsi, l'interprétation des rêves permet de comprendre ce que l'on désire profondément parfois sans se l'avouer, mais aussi de discerner ses craintes véritables parfois méconnues, ses talents secrets, ses difficultés cachées ou ce qu'on s'apprête à réaliser. Le psychanalyste Carl Gustav Jung, toujours au début du XXe siècle, voit dans les rêves une fonction de compensation de notre constitution psychique, un moyen de rééquilibrage émotionnel notamment.

*Antoine, 18 ans, qui a perdu sa mère alors qu'il était jeune enfant, converse parfois avec elle dans ses rêves, ce qui, dit-il, lui fait du bien et le réconforte.*

## ET CEUX QUI NE RÊVENT PAS ?

Certains enfants et adultes disent ne pas rêver. On a étudié le sommeil de personnes ne se remémorant pas leurs rêves et l'on a constaté que leurs phases de sommeil étaient standards, avec des comportements oniriques autant en paroles qu'en actes. Selon les neurologues, ce phénomène s'explique par un problème d'encodage du souvenir juste à la sortie du sommeil paradoxal (la période de sommeil majoritairement consacrée aux rêves). Pour les psychanalystes, il s'agirait plutôt d'un refus de lire dans son moi profond, car on a du mal à voir ses propres vérités en face. Hormis ceux qui ne se souviennent jamais de leurs rêves, il existe de petits et de grands rêveurs. Parmi les grands rêveurs, certains se réveillent sans doute davantage au cours de leur sommeil et ont donc plus de chances de se souvenir de leurs rêves, si le réveil se fait en période onirique justement. Mais il est aussi probable qu'ils se différencient en termes de production et que les grands rêveurs produisent une quantité de rêves plus importante.

Sur le plan neurocognitif, le rêve n'est pas seulement lié au sommeil. Il peut survenir le jour. Ce sont des simulations imaginatives mais réalistes de la vie éveillée. Il se produit quand le réseau exécutif central focalisé sur l'extérieur se désactive tandis que le réseau chargé des divers modes d'attention et les réseaux sensoriels réduisent leur activité. L'esprit peut alors librement vagabonder la nuit ou en rêverie diurne. Les rêves sont généralement très personnels, car le réseau de neurones qui les détermine correspond au réseau dédié à soi. C'est pourquoi il s'agit de représentations de préoccupations personnelles du présent, mais aussi du passé et de l'avenir.

La capacité de rêver, de se souvenir de ses rêves, d'y prêter attention et de comprendre en partie leur signification fait partie de l'intelligence spirituelle. Les apports de l'intelligence onirique apparaissent très importants, et les neurosciences en découvrent régulièrement de nouveaux. Ainsi, pour les neuroscientifiques, les rêves préparent à affronter les peurs[19]. Lors de rêves de peur, les émotions ressenties vont contribuer à résoudre les angoisses et à préparer aux réactions affec-

19. Virginie Sterpenich *et al.*, « Fear in dreams and in wakefulness: evidence for day/night affective homeostasis », *Human Brain Mapping*, vol. 41, n° 3, 2019. DOI : 10.1002/hbm.24843

tives futures. La peur dans les rêves permet d'avoir des réactions plus adaptées aux signaux de menace quand on est éveillé. Des études ont montré en effet que plus une personne ressentait de la peur dans ses rêves, moins l'insula (la zone du cerveau qui évalue les émotions et s'active en cas de peur), le cortex cingulaire (qui joue notamment un rôle dans les préparations des réactions physiques et comportements en cas de danger) et l'amygdale (zone impliquée dans la régulation des émotions) étaient activés lorsque la personne était confrontée à des images négatives en étant éveillée. En outre, plus on fait de rêves de peur, plus l'activité du cortex préfrontal médian, qui inhibe l'amygdale en cas de peur, est importante. Par conséquent, les rêves de peur sont comme un entraînement pour nous préparer à affronter des dangers futurs sans paniquer.

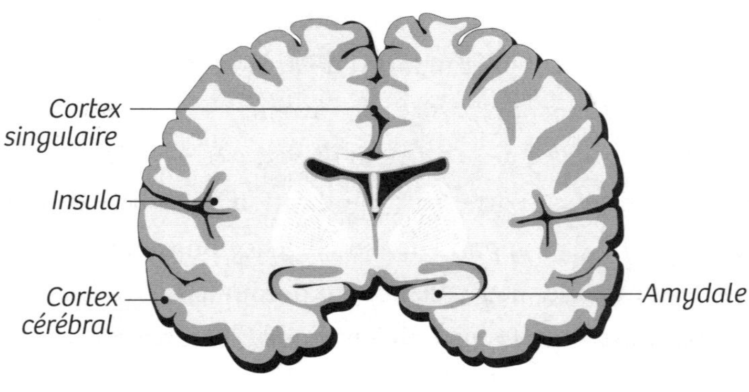


**Les zones du cerveau activées par la peur**

## LES RÊVES PRÉMONITOIRES

Même si les songes ne sont pas toujours vérifiés par l'événement, comme le disait déjà le poète grec Homère 800 ans avant J.-C., qu'en est-il des rêves prémonitoires ? Est-ce que rêver informe de l'avenir ? Il n'est pas exceptionnel de se retrouver un jour confronté à une situation vue en rêve quelques nuits auparavant. Cela signifie-t-il que l'on peut lire l'avenir dans nos rêves, à l'image des prêtresses de l'oracle d'Apollon à Delphes dans l'Antiquité ? Les rêves prémonitoires traduisent sans doute une des formes de l'intelligence spirituelle, cette forme de logique de raisonnement inconsciente ou cette intuition qui permettent d'anticiper ce qui pourrait arriver. Le rêve anticipe. Il explore l'avenir avec des moyens supérieurs, en tout cas autres que ceux de la conscience (ou si ce sont les mêmes moyens, ils ne sont alors pas parasités par les activités en état de veille). Le rêve intègre des perceptions subliminales et utilise toutes les fonctions du cortex. Le cerveau enregistre à notre insu des détails auxquels on ne prête pas attention consciemment, des signes avant-coureurs, des informations sensorielles (bruits, images, odeurs fugaces), des informations émotionnelles, des ressentis, des non-dits. Par exemple, votre cerveau a pu capter des signes invisibles de l'état de santé de votre enfant et a rêvé qu'il tombait malade quelques jours avant que la maladie ne se déclare. Les rêves prémonitoires surviennent aussi dans des situations de « déjà-vu », fréquentes à l'adolescence. Au cours d'une situation, on va se rappeler subitement l'avoir vécue ou parfois rêvée. Mais il peut s'agir d'un souvenir reconstruit lié à un court-circuit dans la zone de la mémoire. Je crois enfin que les rêves peuvent influencer notre devenir, ce qui explique certains rêves prémonitoires. Rêver d'une situation signale au cerveau qu'elle est possible et augmente donc ses chances de survenue (comme réussir à un examen), tout comme il est de mauvaises prophéties qui nous font échouer. Nos rêves vont alors influencer notre destinée. Mais il reste vrai que certains rêves prémonitoires jettent tant le trouble par leur précision qu'ils laissent à penser que notre cerveau a une forme d'intelligence anticipatrice étonnante. Leur existence parfois malmène sérieusement notre conception linéaire de l'espace-temps.

Maintenant que l'intelligence spirituelle est grandement définie, voyons plus avant ses apports et son utilité.

# Partie 2

# Les bienfaits d'un développement spirituel pour l'enfant

# 1.

# Vivre en bonne intelligence avec soi et les autres

L'intelligence spirituelle est un élément à part entière de notre intelligence globale. Elle permet avec les autres formes d'intelligence, et notamment l'intelligence rationnelle et l'intelligence émotionnelle, de s'adapter à l'environnement pour vivre mieux et plus longtemps. Cependant, trop rarement sollicitée, parfois étouffée par l'éducation et le quotidien quand elle s'exprime chez l'enfant, l'intelligence spirituelle reste méconnue, tout comme ce qu'elle apporte à l'épanouissement de l'enfant et au nôtre.

La révéler et la découvrir permet un éveil à soi-même, une vision renouvelée de soi et du monde, un changement dans ses pensées, ses envies, ses conduites, avec souvent dans un second temps le désir de transmettre ces nouvelles acquisitions et découvertes. Développer la spiritualité d'un enfant va lui permettre de s'agrandir mentalement, de dépasser les aspects les plus superficiels de l'existence.

## Une interaction des différentes formes d'intelligence

Howard Gardner définissait l'intelligence spirituelle notamment comme le moyen de transcender les deux intelligences les plus reconnues : la rationnelle et l'émotionnelle. C'est également pour Gardner l'assurance d'un épanouissement complet que celui de l'association des trois intelligences, mais aussi le moyen d'entrer en connexion avec nous-mêmes et les autres.

Les trois intelligences cognitive, émotionnelle et spirituelle ne fonctionnent pas chacune en autarcie. Elles sont en interconnexion permanente. Et c'est une idée fausse de croire qu'elles seraient un obstacle l'une pour l'autre. Le développement de l'une n'empêche pas l'épanouissement des deux autres. Le plus épanouissant est sans doute un développement équivalent de chacune, mais leur développement hétérogène est ce qui fait la singularité de chacun. Ainsi, l'intelligence spirituelle va soutenir les émotions qui apaisent et font grandir en offrant plus de sérénité. Sur le plan cognitif, la connaissance de ses buts vitaux permet d'éviter de perdre du temps à se concentrer rationnellement sur des choses inutiles, voire nuisibles. Grâce à l'intelligence spirituelle, nous mettons notre rationnel et notre émotionnel au service de ce qui a un sens pour nous. On pourrait reprocher à la pensée spirituelle d'ôter toute objectivité aux processus cognitifs, autrement dit à la pensée rationnelle. Tout comme on pourrait reprocher à l'intelligence émotionnelle de parasiter le rationnel et son intelligence. L'une serait plus objective, la rationnelle, et l'émotionnelle plus subjective. L'intelligence spirituelle est riche de subjectivité du fait de ses croyances et valeurs, mais elle pose des objectifs. Il importe justement de bien comprendre ces et ses différentes intelligences, afin de faire la part des choses et de saisir l'origine de nos pensées ou de nos ressentis. Quand bien même l'intelligence spirituelle orienterait nos pensées dans le sens de nos quêtes spirituelles, elle nous évite de nous concentrer et de perdre notre temps sur des choses qui n'en valent pas la peine ; elle nous aide à nous focaliser sur ce qui a un sens pour nous. Elle nous permet d'investir dans un bonheur plus réel.

Le spiritualisme ne doit pas être confondu avec le matérialisme spirituel. Le spiritualisme est le complément du matérialisme. Mais certains pensent accéder au spiritualisme avec une logique matérialiste. Ils consomment du bouddhisme, du yoga, de la méditation de pleine conscience comme des recettes de cuisine ou des soins esthétiques, c'est-à-dire comme une pratique isolée de toute spiritualité. D'où l'intérêt de développer dès le plus jeune âge l'intelligence spirituelle pour que ces pratiques futures s'inscrivent dans un développement global en harmonie avec la personne dans son ensemble. Une intelligence spirituelle est jugée suffisamment développée quand on est en harmonie avec soi, mais aussi avec les autres quels qu'ils soient. Cela ne signifie pas forcément que l'on soit en sympathie avec eux, mais leur présence n'empiète pas sur l'acceptation de soi-même, et on peut leur venir en aide si besoin sans se sentir vampirisé.

## La conscience de soi et l'ouverture aux autres

L'intelligence spirituelle apporte des compétences plurielles. Parmi celles-ci, citons la principale, qui est la capacité à avoir une conscience de soi ample, englobant la connaissance de ses croyances, de ses valeurs, de ce qui nous définit. Fort de cette intelligence, on va agir en concordance avec ces croyances, principes, valeurs, et en assumer les conséquences tout en les défendant si besoin.

L'intelligence spirituelle donne à chacun de nous la possibilité d'accéder à la quiétude et à la béatitude par sa propre porte, en utilisant son propre code spirituel. À chacun sa voie d'accès. À votre enfant de trouver le sien et à vous de l'aider en cela. Cette porte ne laisse passer qu'une personne : chacun de nous. Mais cette porte n'est autre que nous-mêmes. Développer son intelligence spirituelle, c'est tenir les rênes de son esprit pour conquérir tout un royaume, soi, et tout un empire, ce qui nous environne.

L'intelligence spirituelle apparaît donc comme une intelligence qui aide à mieux s'ancrer en soi en faisant de soi un univers à explorer, mais aussi à se détacher de soi en étudiant ce qui est au-delà de soi.

Elle donne un sentiment d'unité, un sentiment d'appartenance au monde environnant. Elle donne aussi la possibilité d'entrer en connexion avec les autres êtres réels ou invisibles, les matières, voire pour certaines personnes les énergies. Elle donne une grande sérénité tout en nous aidant à rester réceptifs à ce qui nous entoure. Elle donne de l'ouverture d'esprit sans nous priver d'un regard amusé ou critique à l'occasion. Elle ouvre à l'humilité, à la compassion, à l'empathie, et aux questionnements placides sur l'origine et le sens des choses. En cas de coup dur ou de traumatisme, elle favorise la résilience. Enfin, elle ouvre aussi à une ou à des vocations éventuelles.

## L'estime de soi et la confiance en soi

Une des aptitudes essentielles appartenant à l'intelligence spirituelle est le sens de la transcendance (voir p. 21). C'est ce qui permet de ne pas rester dans le champ du matérialisme pur. On ne va plus se comparer dans le domaine de l'avoir. Le pouvoir de l'intelligence spirituelle concède alors un plus grand épanouissement de l'être. Il permet d'être en meilleure connexion avec soi-même et avec les autres, ce qui nourrit aussi l'estime de soi, la confiance en soi, une intégration sociale à moindre risque, mais surtout permet d'acquérir une forte atténuation de l'anxiété et une humeur stable (la normothymie est l'équilibre entre deux extrêmes que sont la dépression et la surexcitation euphorique).

Ainsi, votre enfant pourra mettre en œuvre avec plus de liberté son imagination, sa créativité et ses autres formes d'intelligence.

## La paix intérieure

En empruntant la voie spirituelle, l'enfant va gagner en harmonie et pourra changer ses façons de penser quand celles-ci sont négatives. Il va ainsi polir son cœur de ces émotions négatives que sont la peur, l'égoïsme ou l'envie.

L'intelligence spirituelle est une contrée qui s'explore par un voyage de l'esprit. Mais il s'agit d'un voyage qui se prépare. Les bénéfices que l'on peut en retirer sont la sérénité, l'atténuation de la colère, de la convoitise, de la violence, l'acquisition de la compassion, de la douceur, de la modestie, du pardon, mais aussi de la vigueur, de la maîtrise de soi et de la détermination.

Les questionnements sur les mystères de la vie et son environnement apparaissent dès que le langage s'élabore. On ne compte pas les « pourquoi » successifs, à l'image des poupées russes, du jeune enfant qui confronte l'adulte à ses propres questionnements. L'intelligence spirituelle est le moyen de trouver une paix harmonieuse face à ces questionnements, laquelle ne passe pas obligatoirement par des réponses, mais par l'acceptation d'éventuelles ouvertures successives à l'infini.

L'intelligence spirituelle calme l'angoisse du temps qui passe et de la mort, qui est présente chez l'enfant parfois dès l'âge de 3 ans pour les plus précoces, mais chez la plupart d'entre eux vers 6 ans. L'intelligence spirituelle aide à éterniser le temps. Grâce à elle, chaque instant peut devenir une éternité. La spiritualité jette un pont entre la contemplation et l'action, l'être et le faire. La sagesse est aussi la capacité à être seul. Être seul sans angoisse. Tant de personnes sont angoissées par la solitude et s'entourent de gens étriqués par défaut ou vivent avec un autre qui ne leur fait pas du bien, uniquement pour ne pas vivre seules, comme le chantait Dalida[20]. Or la capacité à être seul sans mal-être, et sans que le bien-être procuré provienne du soulagement de ne pas être avec les autres, est rare. Elle s'apprend dès l'enfance. Ces temps de solitude donnent à l'enfant la possibilité d'entrer en connexion plus aisément avec sa dimension spirituelle que lorsqu'il est entouré et sollicité. C'est une ressource pour être au mieux ensuite, et notamment avec les autres.

---

20. « Pour ne pas vivre seul » (paroliers : Daniel Faure et Jacques Luent), 1972.

## L'ouverture d'esprit

L'intelligence spirituelle participe à la tolérance, on l'a vu, et cela comme l'intelligence rationnelle, mais de façon moins rigide et plus essentialiste. Elle participe grandement à la sagesse, mais au-delà du sens rationnel de respect des règles et du sens émotionnel du contrôle des émotions.

L'enfant ayant une intelligence spirituelle notable est plus tolérant, car il ne se limite pas à un regard superficiel propice à un regard critique. Derrière chaque comportement, il discerne les craintes, les espoirs, le sens profond. Il le peut grâce à ses parents qui ont porté sur lui ce regard bienveillant, qui voient le trésor caché en chacun de leurs enfants et des autres en général.

Grâce à l'introspection, rendue possible par le développement de l'intelligence intrapersonnelle, partie prenante de l'intelligence spirituelle, ce qui est matériel et qui peut distraire l'esprit se dissipe. C'est ainsi qu'on peut se nouer avec la finalité et l'essence même de sa place dans le schéma de la création.

L'intelligence spirituelle nourrit nos valeurs, nos croyances et s'en nourrit. Elle participe avec les autres formes d'intelligence à la réalisation pleine et entière de notre potentiel. Elle communique du dynamisme, de la force, de la motivation à notre existence. Elle témoigne de la capacité à se connecter à son esprit, à celui des autres et à la notion d'esprit supérieur, qui n'est pas à prendre au sens religieux forcément ; on peut d'ailleurs évoquer le grand architecte de l'univers cher aux francs-maçons ou encore le grand Autre cher à Jacques Lacan, le célèbre psychanalyste qui a fait évoluer la pensée freudienne. Cette connexion aux esprits de chacun permet la communion spirituelle, qui est une des formes les plus abouties des divers types de communion.

# 2.

# S'épanouir et s'accomplir

## Le développement de la créativité

La créativité est la capacité à imaginer avant de mettre en œuvre un concept, un objet inédit ou une solution nouvelle à un problème. C'est une fonction inventive, d'imagination créatrice dissociée de l'intelligence rationnelle. Elle concerne maints domaines et pas seulement les champs littéraire ou artistique, puisqu'elle est présente par exemple dans les mathématiques ou l'humour.

L'intelligence spirituelle participe à la créativité, comme l'intelligence émotionnelle, mais par d'autre voies. La créativité n'est pas du ressort des sciences cognitives, mais elle répond à une intention ou à une volonté de modifier voire de transformer son environnement, la perception que l'on en a ou que les autres en ont, à celle de transformer son monde intérieur aussi.

Le pédiatre et psychanalyste Donald Winnicott (1896-1971) s'est intéressé à ce concept en l'étudiant chez les très jeunes enfants. Pour lui, c'est le faire qui dérive de l'être. Dans le faire, on agit sans forcément réagir à l'environnement. Faire dans le cadre de la créativité, c'est unir le faire et le sentiment de soi. La créativité chez le bébé ne va pas de soi, elle est parfois le fruit d'une lutte. Il y a lutte contre la réalité extérieure qui s'impose à lui. S'il se soumet totalement à cette réalité, il peut difficilement créer. Il ne s'agit pas non plus de la refuser, se croire omnipotent et être persuadé de posséder du pouvoir sur toutes choses avec le risque que sa créativité s'associe à la destructivité. Bien sûr, le milieu dans lequel évolue l'enfant va influencer sa potentialité créatrice.

## Un sens donné à la vie, une raison d'être et donc un élan vital

L'intelligence spirituelle aide l'enfant à prendre conscience des richesses enfouies en son cœur. Elle lui permet de découvrir qui il est en tant qu'être inspiré et aspirant à découvrir un sens et un but à son existence, qui paraît souvent aléatoire et morcelée ou encore, pour l'adolescent, plate et insignifiante.

Parmi les besoins des hommes et des femmes, il en est un qui est aujourd'hui négligé dans l'éducation : l'autoréalisation. Ce doit être compris comme un état d'esprit qui associe la créativité, la tolérance et la sagesse. Cet état implique habituellement la prise de conscience ou la découverte d'un sens à son existence, d'un ou plusieurs buts vitaux. Ce qui est l'élément fondamental de l'élan vital.

L'intelligence spirituelle permet notamment l'accomplissement existentiel. Beaucoup d'adolescents aujourd'hui ne savent pas dans quelle voie professionnelle s'engager. En France, la structure Parcoursup ne les aide en rien. Au contraire, ce sont beaucoup de choix par défaut qui sont attribués. Je vois beaucoup de bacheliers qui atermoient quant à l'orientation à prendre. Ce qu'ils finissent par élaborer et me dire, c'est la difficulté à trouver du sens au travail qu'ils feront. Ils ont besoin que cela s'inscrive parfaitement dans le sens global qu'ils veulent donner à leur vie, mais qu'ils n'ont absolument pas encore défini. L'intelligence spirituelle bien développée contribue au mieux-être en permettant de se sentir en lien avec le monde et de le percevoir tel qu'il est au quotidien, au lieu de s'attarder sur ce qu'il devrait être et de vivre avec la conviction désespérée de la fin du monde qui pénalise tant d'adolescents.

Trouver sa mission de vie fait avancer l'adolescent dans son chemin d'études puis sa voie professionnelle. C'est un axe pour ses diverses actions, qui gagnent alors en cohérence. Il puisera dans cette mise à jour, dans cet aggiornamento spirituel, de l'énergie et de l'audace.

Le domaine professionnel n'est pas le seul à placer l'adolescent face à un puits qui paraît sans fond. Le domaine amoureux reste souvent un océan infranchissable. Si l'accès aux sexualités, comme aux coups de cœur singuliers ou pluriels, est en Occident bien plus aisé qu'autrefois, la question de l'amour profond, durable et réciproque, la question de l'engagement, du couple, avec ses interrogations corollaires comme la fidélité ou l'harmonie familiale, semblent aux ados d'aujourd'hui difficilement accessibles et pénétrables.

L'intelligence spirituelle va aider l'adolescent volontiers décentré, du fait des transformations internes, à améliorer sa présence au monde. La recherche de sens lui permet d'avancer, de tracer sa route, son cheminement.

On sait que les tentatives de suicide sont la deuxième cause de mortalité chez les jeunes gens après les accidents de la voie publique, dont un certain nombre sont des suicides inconscients ou masqués. Qu'ils soient impulsifs ou inscrits dans un état dépressif, ils sont souvent corrélés à une impossibilité de mentaliser un sens à leur existence, une raison d'être. Développer l'intelligence spirituelle chez les ados est aussi une question de vie ou de mort, et un atout pour augmenter l'espérance de vie.

Que ce soit chez l'enfant ou l'ado, l'intelligence spirituelle offre une vision sur soi, sur les autres et sur l'environnement, qui est alors profondément modifiée grâce à de nouveaux points de vue, par exemple en prenant du recul, du champ ou de la hauteur. De fait, on gagne en lucidité, en ouverture d'esprit et on élargit son champ de conscience. Les choix à faire seront ainsi plus conscients, plus réfléchis.

## De meilleurs résultats scolaires

Dans le cadre des intelligences multiples, cultiver l'intelligence spirituelle ouvre de nouveaux champs aux disciplines scolaires (et pas seulement dans les enseignements religieux). On va gagner en discernement. L'amélioration de la pensée abstraite, va aussi avoir des conséquences très favorables sur les compétences scolaires.

La pensée abstraite est notre capacité d'abstraction. Elle se définit comme la capacité de notre esprit à créer et à utiliser des concepts dans le raisonnement. Elle existe chez l'enfant mais, à la puberté, elle se développe grandement en même temps que le cerveau, ce qui explique qu'à cette période la performance scolaire d'un enfant peut croître, notamment dans la capacité d'abstraction en mathématiques ou en français. Cela explique aussi qu'un(e) bon(ne) élève ayant un retard pubertaire voit son niveau de performance relative diminué par rapport à ses pair(e)s. L'abstraction fait appel à une capacité de généralisation qui permet de se détacher des propriétés individuelles d'objets pour ne retenir que l'information qui les unit et les différencie des autres objets. C'est un processus de passage du concret à l'abstrait. On sait désormais qu'elle n'est pas le propre de l'homme puisque les chimpanzés, les rats, les dauphins ont la capacité de généraliser une propriété comme la couleur à partir d'une série d'exemples, ou encore de manipuler des concepts numériques ou temporels. La « pensée abstraite » telle qu'elle a été définie en premier par le psychologue Piaget est le pont entre l'intelligence rationnelle et l'intelligence spirituelle.

Contrairement à une idée fausse, l'intelligence spirituelle n'isole pas de l'environnement et en particulier du champ scolaire. Elle ne conduit pas hors du réel. Elle va au contraire permettre à l'enfant ou à l'adolescent de mieux intégrer la réalité, justement en faisant de celle-ci un objet de réflexion et en lui donnant du sens.

L'accomplissement existentiel est un but, mais le chemin vers cet objectif est le plus puissant des élans vitaux. C'est aussi une voie de libération intérieure. En effet, cela autorise à se défaire de pensées, de sentiments, d'attitudes, de comportements névrotiques. C'est-à-dire de tous ces mécanismes de défense qu'on met en place pour calmer ses angoisses et qui, pour beaucoup d'entre eux, sont inutiles voire handicapants dans le champ des apprentissages scolaires comme dans d'autres. C'est le cas par exemple des TOC.

# 3.

# Atteindre l'harmonie intérieure

## Tolérer les frustrations

La prise de conscience de l'infini, des horizons de l'amour, des mystères de la mort ramène l'individu à sa place et brise toute mégalomanie. La modestie lucide va de pair avec l'intelligence spirituelle.

Les enfants entre 3 et 6 ans sont pour la plupart dans une phase de mégalomanie. Cela fait partie du développement normal. Ils voient leurs parents comme des dieux et s'identifient à ces représentations divines. Comme Zeus et ses frères ou sœurs le firent avec leur père Cronos, l'enfant, fille ou garçon, veut prendre la place de ses parents. Il se croit tout-puissant. Le monde tourne autour de lui, et ses caprices sont des obligations pour tous. Il a tous les droits et refuse toute contrainte. Il est incapable de supporter la moindre frustration. C'est une période difficile pour les parents.

Heureusement, une éducation bien conduite régule les jeunes enfants, et ils finissent par entrer dans l'âge de raison avec plus d'humilité et d'acceptation des règles. Cette période d'arrogance, de « folie des grandeurs », réapparaît au début de l'adolescence et dure le même temps environ. Cette démesure caractéristique de ces âges est plus ou moins importante selon les enfants et peut cohabiter avec d'importants doutes sur soi-même.

Aujourd'hui, beaucoup d'enfants la conservent hélas entre 6 et 11 ans. Ce sont les enfants rois. C'est, bien sûr, très difficile à vivre pour les parents et les autres adultes encadrants, mais aussi pour l'enfant. Car l'enfant roi est alors confronté au rejet des enfants de son âge qui sont plus disciplinés que lui, et il est mal accepté par l'enseignant comme par les autres encadrants à l'école ou en collectivité. Il a du mal à apprendre, car l'apprentissage nécessite une forme d'humilité. Il s'agit d'accepter d'être élevé et donc d'accepter que le parent ou le professeur soit plus savant que soi. Mais c'est aussi un enfant angoissé qui a du mal à s'endormir par exemple. En effet, s'il est au-dessus de tous, alors il n'y a personne pour le protéger contre les monstres de son imaginaire.

Les Grecs anciens connaissaient cette démesure et la nommaient l'hubris. Elle conduisait selon eux à un avenir malheureux. L'intelligence spirituelle prend part à l'atténuation de cette hubris. Développer l'intelligence spirituelle de votre enfant va donc l'aider à mieux tolérer les frustrations, à mieux accepter les règles de vie, à s'apaiser et ainsi à mieux respecter autrui. L'enfant intelligent spirituellement sait qui il est, car il sait où il va et il ne se leurre pas sur la place qu'il occupe dans l'univers. Il connaît son identité, son « je ». C'est pourquoi il n'a pas peur du « nous ». Il ne craint pas de disparaître, de se diluer dans le nous. Il aime le nous comme un collier de « je ». Il se sent plus fort avec le nous quand d'autres se sentent étouffés. Le nous le fait grandir et lui permet d'accomplir une œuvre plus grande encore que la sienne propre.

## Avoir moins d'agressivité et plus de force

L'intelligence spirituelle régule notre agressivité et celle de nos enfants. L'envie gratuite de combattre va être détournée grâce aux outils de cette intelligence contre notre ennemi intérieur, qui est souvent notre propre haine qui nous pousse à voir autrui comme un ennemi.

Beaucoup d'enfants sont dans la compétition. L'esprit de compétition est diversement apprécié dans l'éducation des enfants, selon les époques, les cultures et les parents. C'est un moteur pour avancer, mais dont l'essence se réduit au rapport à l'autre. En l'absence d'autres enfants plus talentueux, le moteur est en panne. En présence de compétiteurs bien plus doués, l'échec fait que le moteur se grippe et que le découragement voire la dépression peuvent s'installer. La compétition enclenche l'adversité, et peut aussi engendrer la violence et la solitude. L'intelligence spirituelle n'interdit pas l'esprit de compétition quand il est utilisé ponctuellement, par exemple dans une activité sportive ou un devoir en particulier, mais il garde alors une dimension ludique, et l'essentiel reste de participer. L'objectif dans les apprentissages collectifs est de s'amuser, de servir le sport, de servir la classe, de se dépasser plutôt que de dépasser autrui, ou bien de faire progresser l'ensemble du groupe comme en équipe. L'enfant intelligent sur le plan spirituel sait donc mettre son « je » au service du « nous » sans pour autant se nuire, se renier, se sacrifier, car il sait bénéficier à fond du « nous ». S'il reste compétitif, c'est essentiellement avec lui-même. L'intelligence spirituelle rend plus sage.

## Gagner en sagesse

Sois sage ! Quel parent ne l'a pas demandé à son enfant ? Quel enfant n'a pas été sommé de l'être ? Pourtant, la sagesse est généralement considérée comme une compétence de personne âgée quand la folie est le propre de la jeunesse. Si la folie est l'absence de conscience de ses actes, de sa conduite, de ses propos, la sagesse à l'inverse est la connaissance ou le sentiment juste et inspiré des choses, qui implique une conscience de soi et des autres. Les sages pensent leur vie et vivent leurs pensées. Or l'intelligence spirituelle pourrait être ce qui mesure le degré de sagesse. À ce titre, l'intelligence spirituelle reste en lien avec les autres formes d'intelligence et notamment l'intelligence de raisonnement et l'intelligence émotionnelle, car le comportement du sage associe souvent une éthique, une tempérance, une prudence, une sincérité, un respect d'autrui et de soi, un discernement et un esprit juste qui s'appuie sur un savoir raisonné. Ce calme et cette modération sont attendus chez l'enfant sage. Et c'est l'union d'une sagesse de comportement et d'une sagesse théorique qu'on attend de l'adulte sage.

Améliorant des symptômes des enfants tels que l'agressivité, matrice de la sagesse, l'intelligence spirituelle peut aussi être développée ou servir d'appui pour des psychothérapies visant donc au mieux-être, à l'amélioration psychologique ou à de meilleures performances psychoaffectives et cognitives.

# 4.

# Accroître son mieux-être

## Le recours à l'intelligence spirituelle dans la psychothérapie

Attention ! Les activités dites spirituelles qui sont aujourd'hui proposées comme des prêts-à-consommer peuvent être qualifiées de matérialismes spirituels. Il ne s'agit pas, pour développer l'intelligence spirituelle de son enfant, d'imposer un nouveau programme, s'ajoutant au programme scolaire, qui viendrait tyranniser l'ego de l'enfant. Si ce n'est le plaisir qui guide l'enfant dans ces pratiques, ce doit être le bien-être ressenti.

Cependant, en cas de souffrances, de symptômes divers handicapant le fonctionnement psychologique de la personne, des psychothérapies peuvent prendre appui sur l'intelligence spirituelle. La psychanalyse, par nombre de ses aspects, est de celles-là. Notamment les psychanalyses définies par le courant de Jung, qui s'opposa sur ce terrain à Freud. Beaucoup d'ouvrages traitent de la psychanalyse jungienne et notamment ceux du principal intéressé, que je vous invite à consulter, par exemple :

- *L'homme à la découverte de son âme : structure et fonctionnement de l'inconscient* ;
- *Métamorphoses de l'âme et ses symboles* ;
- *Sur l'interprétation des rêves.*

Mais c'est aussi le cas d'un type de psychothérapie nouvellement défini, qui pourtant s'inscrit dans le courant des psychothérapies comportementales et cognitivistes, donc bien différenciées des psychothérapies analytiques : l'ACT ou *Acceptance and Commitment Therapy*. On peut la traduire en français par « psychothérapie d'acceptation et d'engagement ». Comme elle est toute nouvelle, je me propose de vous en dire quelques mots.

Auparavant, je vais brièvement vous présenter les thérapies cognitives et comportementales qui sont axées sur l'observation et la régulation des liens entre les pensées, les émotions et les comportements. Il y a eu trois grandes vagues évolutives de ce type de thérapies dites TCC :

- La première était centrée sur **la dimension comportementale** : acquisition de nouvelles habiletés, d'habitudes, de compréhension des facteurs qui influencent les comportements.
- La deuxième, plus axée sur **la dimension cognitive** : prise de conscience des liens entre les pensées et les émotions en vue de modifier les pensées qui dysfonctionnent pour améliorer l'état émotionnel ou l'adaptation.
- Enfin la troisième vague est celle qui nous intéresse ici et qui use moins de **la stratégie de modification des pensées**. Elle intègre les apports de la pleine conscience et utilise à ce titre les fonctionnements de l'intelligence spirituelle, et non plus

seulement le cognitif rationnel ou émotionnel. Dans celle-ci, on retrouve depuis peu la psychothérapie d'acceptation et d'engagement.

Cette psychothérapie a été définie et développée par le psychologue américain Steven C. Hayes et ses collègues. Son dessein est de perfectionner les compétences à distinguer ses pensées et ses émotions dans le moment présent, puis à les définir, à les examiner tout en restant dans l'action tournée vers ses objectifs ou la sauvegarde de ses valeurs. Ces aptitudes attestent d'une souplesse psychologique. Il s'agit d'être conscient de ses pensées et sentiments du moment présent sans défense inutile, sans que cela empêche de poursuivre ses actions dans la poursuite de ses objectifs et de ses valeurs. Par exemple, il va s'agir d'accepter de porter avec soi son anxiété, ses peurs, tout en avançant dans la réalisation de ses projets. Grâce à cette souplesse, qui est aussi une force, on accepte ses difficultés tout en s'engageant. Les émotions pénibles ne sont pas chassées, mais acceptées. L'acceptation consiste à supporter des événements personnels indésirables afin de poursuivre ses objectifs et de conserver ses valeurs.

Pour développer la souplesse psychologique, l'ACT vise à déployer :

- **Les aptitudes à composer**, à vivre avec ses pensées et ses émois négatifs en acceptant de les vivre en pleine conscience. La méditation est l'un de ces moyens.
- **L'évaluation de ses valeurs, de sa morale personnelle**, c'est-à-dire ce qui est vraiment essentiel et significatif pour soi ; ainsi que l'usage de ce savoir pour motiver et guider des changements afin de mieux vivre.

Six processus cognitifs centraux dans cette démarche sont nécessaires. Ils prennent appui sur les mécanismes de l'intelligence spirituelle pour la plupart :

- **Le contact avec le moment présent.** Il s'agit pour la personne d'être psychologiquement présente, c'est-à-dire d'avoir conscience qu'elle est ici et maintenant ; tout en étant ouverte aux sollicitations externes, intéressée et réceptive. L'ACT favorise un contact continu et sans jugement entre les pensées, les émois alors qu'ils se produisent et l'environnement. Le but est de vivre le monde directement afin que le comportement soit plus souple et les actions plus cohérentes avec les valeurs. Cet aspect est appelé la « pleine conscience ».
- **La défusion cognitive.** Il s'agit de prendre du recul pour se détacher des pensées, des inquiétudes et des souvenirs qui sont gênants. Les techniques de défusion cognitive visent à changer les conséquences indésirables des pensées plutôt que d'essayer de les modifier. On se détache de ses pensées en les observant sans passion. Par exemple, si on pense qu'on ne va pas y arriver, on transforme cette pensée par « j'ai la pensée que je ne vais pas y arriver », comme si on observait les pensées de quelqu'un d'autre. Le résultat de la défusion est une diminution de l'adhésion à ces pensées négatives.
- **L'acceptation.** Il s'agit de permettre aux pensées et aux émotions négatives d'aller et venir sans lutter contre elles, mais sans se laisser envahir par elles. L'acceptation nécessite d'avoir conscience de ces événements occasionnés par sa propre histoire, sans tentatives inutiles pour changer leur fréquence ou leur forme. Par exemple, on apprend à ressentir l'anxiété sans chercher à s'en défendre, de même pour la douleur.

Ce processus permet de ne pas se passer des expériences intérieures.

- **L'observation de soi.** Il s'agit de pratiquer le recours au « soi observateur », distinct du « soi pensant ». Les habiletés de la pleine conscience prennent appui sur cette distinction. L'accès au soi observateur se développe par l'entraînement. En considérant le soi comme un contexte, on peut être conscient du flux d'expériences sans attachement à celles-ci : la défusion et l'acceptation sont ainsi favorisées.
- **Les valeurs.** Il s'agit de découvrir ce qui est essentiel pour soi. L'acceptation, la défusion et la pleine conscience du moment présent ne sont pas des fins en soi, mais elles ouvrent la voie à une vie plus cohérente avec ses valeurs. L'ACT vise à identifier ces valeurs.
- **L'action engagée.** Il s'agit de se fixer des buts en fonction de ses valeurs et d'essayer de les atteindre de façon responsable. Si les valeurs sont trop idéales pour être atteintes, on peut définir des buts concrets cohérents avec ces valeurs et qui, eux, peuvent être atteints. Les efforts pour changer de comportement conduisent à la rencontre de barrières psychologiques qui sont surmontées par l'acceptation, la défusion…

Dans le cadre de cette thérapie, on apprendra à se montrer souple psychologiquement, selon le contexte, en tenant compte à la fois des mouvements internes (pensées, émotions) qui sont souhaitables, neutres ou indésirables et des possibilités des actions à mener. Selon les émois et les pensées qu'on ressent, les buts ou les valeurs à défendre, on va définir la réaction souhaitable pour soi, par exemple une prise de distance. On ne va pas chercher à modifier ses mouvements internes directement, mais à changer si besoin le rôle des pensées et émotions, et le lien entre soi et elles.

On va considérer dans ce cadre que la source des difficultés psychologiques est la façon dont les pensées et les émotions interagissent avec les contingences de l'environnement. Cette interaction peut générer un arrêt dans notre comportement ou une modification de ce dernier, au service des qualités de vie désirées à long terme (donc en lien avec ses valeurs).

La souplesse psychologique permet à chacun de résoudre son sentiment d'être bloqué, de composer avec le stress, d'améliorer son bien-être, mais aussi de bâtir une vie plus signifiante autour de ce qu'on apprécie véritablement.

## Le bonheur de l'extase

Pour finir sur les apports de l'intelligence spirituelle, je voudrais évoquer un des accomplissements possibles grâce à celle-ci, bien que très rare : il s'agit de l'extase.

Après avoir pénétré dans la basilique Santa Croce à Florence, où reposent des personnages illustres tels que Michel-Ange, Machiavel et Galilée, l'écrivain Stendhal (1783-1842), alias Henri Beyle, auteur notamment du *Rouge et le Noir* – que les lycéens connaissent bien puisque ce roman est au programme du bac –, demande à voir les fresques du peintre Volterrano sur le plafond de la chapelle située à l'angle nord-est de la basilique. Il raconte ceci dans le récit de son voyage en Italie, paru en 1826 :

*« [...] les Sibylles du Volterrano m'ont donné peut-être le plus vif plaisir que la peinture m'ait jamais fait. J'étais déjà dans une sorte d'extase, par l'idée d'être à Florence, et le voisinage des grands hommes dont je venais de voir les tombeaux. Absorbé dans la contemplation de la beauté sublime, je la voyais de près, je la touchais pour ainsi dire. J'étais arrivé à ce point d'émotion où se rencontrent les sensations célestes données par les beaux-arts et les sentiments passionnés. En sortant de Santa Croce, j'avais un battement de cœur, ce qu'on appelle des nerfs, la vie était épuisée chez moi, je marchais avec la crainte de tomber. »*

Stendhal quitte alors la basilique et s'assied sur un banc de la place Santa Croce. C'est là qu'il lut des vers de Foscolo glissés de son portefeuille « avec délice » et s'aperçut que ses visions empiraient à la lecture de cette somme de culture ambiante dans les lieux : il fut épris et malade à la fois de tant de profusion.

Ce vertige extatique provoqué par la beauté absolue porte désormais le nom de syndrome de Stendhal. Selon la psychiatre italienne Graziella Magherini qui rencontra des cas similaires, le visiteur est subitement saisi par le sens profond que l'artiste a donné à son œuvre, et perçoit toute l'émotion qui s'en dégage d'une façon exceptionnellement vive qui transcende les images et le sujet de la peinture.

L'extase est un état singulier lors duquel on est comme transporté hors de soi-même et ainsi soustrait du monde sensible, c'est-à-dire coupé des perceptions sensorielles. Il existe de nombreux témoignages de l'extase dans la littérature mystique, notamment celle du XVII^e^ siècle français. On parle alors aussi d'ivresse spirituelle. À cette occasion, on peut percevoir des révélations du monde intelligible, comprendre des concepts qui nous semblaient obscurs et qui prennent alors la forme de l'évidence. D'autres vont faire l'expérience d'un contact, d'une union, d'une identification avec un être, un objet ou encore un monde transcendant. Pour d'aucuns, c'est un sentiment de bien-être sans pareil : sainte Thérèse décrit une forme d'extase où l'âme, comme « un nourrisson, attaché au sein de sa mère », reçoit le lait que celle-ci « lui fait couler dans la bouche sans qu'il ait à remuer les lèvres »[21].

*Gabriel est parisien et il a 14 ans. Il est réellement amoureux pour la première fois. Son amour est partagé. Après ses premiers baisers, il dit avoir ressenti, lors de son retour chez lui, « son âme déborder de son corps ». Il dit : « Mon cœur applaudissait de joie », « Je flottais sur le sol en marchant » et « Je me pensai éternel ».*

On ne confondra pas ces expériences avec des épisodes de dépersonnalisation et de déréalisation présents en cas de psychose, d'autant plus aisément que ces moments psychotiques sont généralement vécus dans une vive angoisse. En cas de doute, l'avis d'un médecin spécialiste s'imposera. Ces expériences extatiques ne sont pas, tant s'en faut, indispensables pour l'épanouissement personnel et le développement de sa spiritualité. Mais il faut savoir, j'insiste là-dessus, que cette sortie de soi totale ou simplement parcellaire est recherchée par les prises de drogues (kétamine, champignons, LSD, héroïne – mais aussi avec l'ectasy qui donne un sentiment d'empathie avec l'autre, ou plus simple-

---

21. Sainte Thérèse d'Avila, *Le chemin de perfection* (1566), chap. 31, 9.

ment le cannabis) dès le tout début de l'adolescence parfois. Or la consommation de produits dissociatifs chez les ados ne cesse de croître récemment. La capacité de rêverie, de ravissement, de communion, de contemplation est sans doute une aptitude préventive en rendant inutile cette prise de toxiques qui fait des ravages aujourd'hui chez les jeunes.

Voyons désormais comment faire en pratique pour développer l'intelligence spirituelle de nos enfants, que nous soyons parents, éducateurs ou enseignants.

# Partie 3

# Conseils pratiques et exercices

# 1.

# En quoi consiste l'éducation spirituelle d'un enfant ?

L'intelligence spirituelle se cultive. La spiritualité s'éduque. Guider et accompagner les enfants dans leur développement, dans leur croissance, dans leur maturation doit se saisir de diverses dimensions : corporelle, sociale, affective, psychologique et intellectuelle. Dans la dimension intellectuelle on intégrera toutes ses composantes : rationnelles, émotionnelles, mais aussi spirituelles.

Le développement de l'intelligence spirituelle chez votre enfant se fait à tout âge, au fil de votre éducation bienveillante, qui comprendra notamment des temps d'observation, de plaisir, d'écoute, de dialogue, de tendresse, et de prières pour les croyants.

Le rôle des parents est bien entendu fondamental. Si de rares parents sont trop pauvres spirituellement pour donner suffisamment à leurs enfants, d'autres sont au contraire très riches intérieurement, mais malheureusement donnent peu ou prou pour des raisons diverses ; enfin il est des parents qui donnent la vie, puis arrosent leur enfant comme s'ils étaient des sources intarissables.

L'enseignement scolaire et extrascolaire sont aussi des lieux où l'éducation à l'intériorité peut s'opérer, ainsi que la stimulation de l'intelligence spirituelle.

Soyons attentifs et restons à l'écoute pour saisir les opportunités qui s'offrent d'éveiller la spiritualité de nos enfants. Pour favoriser le terreau de l'intelligence spirituelle, on aura à cœur d'ouvrir l'enfant à son environnement visible et invisible, mais aussi à son monde intérieur.

## Lui apprendre à regarder

L'enfant regarde. Il voit le monde comme un spectacle. Il regarde de tous ses yeux, de tout son corps, de toute son âme. Il regarde avec attention, avec insistance, ou d'un œil distrait. Il regarde de près ou à deux fois. Avec douceur, colère, stupeur, tendresse, d'un air narquois ou triste. Avec de grands yeux, des yeux ronds. En face, de biais, de travers. Au loin, à l'horizon ou dans le vide. Il regarde vers le passé, vers l'avenir, vers lui-même aussi. Il se regarde. Autorisez tous ces regards, soutenez-les et regardez dans sa direction. Ces regards sont le préalable à la contemplation.

On aura à cœur d'éveiller le regard de son enfant à ce qui l'entoure et en particulier à la nature, à la beauté, aux êtres. Bien entendu, de nos jours, la cause principale du détournement du regard, de sa captation sont les écrans, dont on protégera l'enfant autant que faire se peut. Épargnez à votre enfant, surtout aux plus jeunes, les visions délétères qui dépriment, sidèrent et finissent par obscurcir le regard. Invitez-le quand il s'éveille (le week-end en particulier ou en vacances), avant de quitter le lit, à observer autour de lui ou d'elle. Chaque détail qui s'offre à lui ou à elle sera observé comme s'il était vu pour la première fois. Il ou elle réalisera qu'il y a bien plus de choses qu'on ne le croit à découvrir au réveil. Apprenez à votre enfant à voir ce qui est sous ses yeux.

Avec lui, regardez dehors et arrêtez-vous pour contempler. Lors d'une promenade dans la nature, mais aussi en ville, on peut se poser et admirer une vue d'ensemble ou un détail architectural par exemple. Les déplacements à l'extérieur (vélo, bus ou tramway) seront préférés aux transports souterrains. On privilégiera les déplacements en train, où le regard peut se perdre dans la fuite des paysages, et en voiture sur les nationales plutôt que sur les autoroutes. Dans la nature, on guettera le changement de couleur des feuilles des arbres, la forme des nuages, la luminosité, bref on fera faire attention à l'environnement naturel. On apprendra à regarder une même chose de différents points de vue.

Par ailleurs, intéressez-vous à ce que votre enfant voit de sa hauteur et qui ne retient pas votre regard, trop absorbé par les choses fonctionnelles et urgentes. Il s'agit de développer son regard, mais aussi d'accepter que votre enfant ait sa propre vision et de s'en enquérir. En accordant du crédit à ce qu'il regarde, bien que cela ne s'inscrive pas dans le programme de la journée, il accordera du crédit à ses observations. Enfin, après avoir cultivé son regard vers le dehors, cultivez son regard en lui-même.

## L'ouvrir à son monde intérieur

Après l'éveil à ce qui nous entoure, on apprend à son enfant à développer son calme interne pour le convier à l'éveil intérieur. On l'invite à se connecter avec son intériorité et à être à l'écoute de lui-même.

Éduquer à l'intériorité pour améliorer l'intelligence spirituelle, c'est dévoiler l'enfant à lui-même. C'est lui permettre de discerner, d'évaluer et de contempler son monde interne, ses forces intimes. C'est l'aider à concevoir ses propres valeurs, à accéder à ses questionnements sur le sens de la vie ; en tout cas à les autoriser et à les laisser s'exprimer sans angoisse. C'est lui donner la possibilité de nommer ce qu'il ressent, d'accepter les limites du statut d'être humain, mais aussi d'en connaître toutes les potentialités.

Pour cela, on va développer en premier lieu son intelligence intrapersonnelle. C'est-à-dire son aptitude à pratiquer l'introspection, à revenir à l'intérieur de soi, à identifier ses émotions, ses sentiments, à analyser ses pensées. L'intelligence intrapersonnelle est une composante de l'intelligence spirituelle, car elle permet de se comprendre et de se connaître soi-même, de découvrir ses désirs, ses rêves, l'ensemble de ses compétences, mais aussi ses faiblesses, ses limites, et ainsi de comprendre ses diverses réactions face aux sollicitations de l'environnement.

On offrira par exemple à son grand enfant ou à son préadolescent un journal intime pour qu'il s'initie au dialogue intérieur. Cet éveil externe et interne aidera l'adolescent à définir un sens pour son existence, un ou des buts qui lui seront vitaux et donc lui donneront envie de vivre.

Cultiver son intériorité, c'est d'abord apprendre à différencier ce qui se passe à l'extérieur de nous-mêmes (les stimulations externes) et ce qui se passe en nous, émotionnellement, intellectuellement, physiquement et spirituellement. Ce qui se passe en nous pouvant être la conséquence de ce qui se passe en dehors. On percevra alors aussi ce qui nous traverse : ce qui pénètre en nous et qui en ressort, traversant notre champ intérieur.

Développer sa spiritualité, c'est donc prendre conscience de son monde intérieur, de sa capacité à le cultiver et à percevoir à la fois le fondement et l'horizon de son existence. Cette perception de son monde interne, le fait de voir d'où l'on part et où l'on va, est un préalable à la création de liens avec les autres, un moyen de reconnaître la véritable altérité. Cette culture de l'intériorité permettra donc à l'enfant d'entrer en relation avec lui-même, et cela lui servira également pour être pleinement, parce que plus solidement et plus sereinement, en relation avec l'entourage. Cette culture de l'intériorité est ce qui permet de regarder et non pas simplement de voir, d'écouter et non pas simplement d'entendre, de ressentir et non pas simplement de toucher. Elle concourt à ce que l'enfant se définisse à partir de ce qu'il est, et non pas seulement de ce qu'il possède, de ce qu'il fait ou de ce qu'il aime.

Se sentir à l'intérieur de soi, c'est le fondement du sentiment d'exister. C'est ce qui accorde ce sentiment de cohérence interne grâce auquel on se sent vraiment soi, entier, en connaissant ses limites, contrairement au sentiment de dispersion que ressentent certains individus, notamment parmi les tout-petits ou les adolescents, ou encore ceux qui ont hélas un trouble de la personnalité. C'est à partir de cette prise de conscience qu'on peut repérer et évaluer librement ce que l'on désire, ce vers quoi on tend, ce qui fait sens pour soi. C'est aussi ce qui participe au sentiment de sécurité interne que possèdent les personnes peu sujettes à l'angoisse. Il ne s'agit pas de s'enfermer en soi, mais de se sentir bien dans un « corps maison » pour en sortir librement si besoin et être en relation avec l'extérieur. Définir un dedans que l'on connaît suffisamment bien pour s'y sentir en sécurité, d'où l'on sortira pour explorer sereinement le dehors.

Activer son sentiment d'exister et sa confiance en soi passe par la perception d'une force intérieure obtenue grâce à cette culture de l'intériorité, force qui va dynamiser ses actions.

L'éducation spirituelle n'est pas la transmission d'un savoir, d'une technique ou encore d'une langue. Elle passe par une écoute, une validation des interrogations de l'enfant, par des questionnements qui soulèvent ses réflexions, des activités qui éveillent le ressenti spirituel. Elle passe aussi par une initiation à entrer en soi, à découvrir son intériorité. On va accompagner ce cheminement intérieur, aider l'enfant ou l'adolescent à intégrer ses émotions, à percevoir ses vocations, à se connaître, se reconnaître, à être conscient de ce qui est réel et de ce qui semble au-delà du réel, à distinguer dans ses relations aux autres ce qui est superficiel de ce qui est profond et authentique, à donner sens à ses expériences, à apprendre à écouter, à contempler, à regarder avec étonnement (admirer). La grandeur, les mystères, l'enfant au début les perçoit, puis s'en détourne. Au pied d'une falaise, celle-ci est difficile à capter dans son ensemble, il faut donner le recul qui permet de la voir. On va de même autoriser l'enfant à ressentir les émotions parfois abyssales qu'il peut ressentir et l'accompagner pour qu'il accepte ce vertige sans en être bouleversé.

Tout petit, l'enfant est déjà tenté par les grandes questions existentielles telles que le passage du temps, l'amour, la destinée, la mort, l'origine de toute chose. Trop souvent, ces questions ne sont pas entendues ou ont droit à des réponses qui vont bloquer le processus de développement intellectuel. À l'adolescence, ces questions vont réapparaître, et c'est heureux. Elles seront alors plus nombreuses, plus élaborées, touchant le sens de la vie, la compassion, la violence, la sexualité, les notions de bien et de mal, la morale et l'éthique (la morale étant plus personnelle et l'éthique plus sociale). L'adolescent qui y sera confronté aura besoin d'interlocuteurs. Mais quels sont les adultes autour de lui véritablement à son écoute en dehors des parents, puisque l'ado s'en détache et cherche d'autres protagonistes ? Les technologies actuelles avec leur puissance de captation cérébrale et attentionnelle empêchent cette réflexion d'opérer. Les écrans happent son regard et le coupent du monde réel. Ils l'empêchent de contempler son environnement et de se mettre en connexion avec lui-même, puisque son esprit est mis sous les verrous de ces écrans.

Cultiver l'intelligence spirituelle passe par le développement de compétences spirituelles telles que la conscience de soi, puis la connaissance de soi. La connaissance de soi spirituelle passe par la compréhension des systèmes de valeurs de l'entourage puis par l'identification de ses propres valeurs, de ce qui est important pour soi. Chaque individu va donc personnaliser ses valeurs, les hiérarchiser pour construire sa morale personnelle. On l'a vu, l'intelligence spirituelle inclut l'intelligence morale, qui est l'ensemble des fonctions mentales ayant pour objet la connaissance de ses valeurs, de sa morale, de son éthique et de celles d'autrui.

L'intériorité est une expérience qui se transmet. En tant que parent ou éducateur, on sert de modèle d'identification. Il est donc nécessaire de tourner son regard vers sa propre intériorité. On transmet aussi simplement en étant. On va aider l'enfant, quel que soit son âge, à faire émerger de lui ce dont il dispose à l'intérieur : il faut insuffler, invoquer, diriger, provoquer, conseiller, animer, remémorer, éveiller et créer des occasions. L'objectif est que chaque enfant puisse percevoir qu'il a un chemin personnel, qu'il a un rythme propre et qu'il puisse l'accepter sans se comparer en permanence aux autres, tout en distinguant ses spécificités.

Des qualités communes, que l'entourage va aider à développer, vont faciliter ce cheminement personnel de chaque enfant.

## Le conduire à la tempérance, la patience, la tolérance et l'espérance

En développant son acuité interne, on perce l'opacité du monde et on apprend à se connaître soi-même. « Connais-toi toi-même » : cette formule attribuée au philosophe grec Socrate nous invite à prendre conscience de notre propre mesure sans nous croire au-dessus des lois ou sans tenter de rivaliser avec les dieux. C'est pour les philosophes suivants, comme Platon ou Porphyre de Tyr, une assignation à la tempérance et à l'humilité. Une variante moderne de cette formule à l'origine incertaine : « Connais-toi toi-même et tu connaîtras les dieux et l'univers » pourrait nous inviter à la recherche de connaissances supérieures par l'introspection.

On va développer la tolérance chez l'enfant, en sachant que la tolérance n'est pas l'indifférence. Il ne s'agit point de taire sa pensée et l'expression de ses valeurs pour éviter de contredire autrui. C'est un scrupule moral qui laisse à l'autre sa liberté de pensée et qui refuse toute autre arme pour la désapprouver éventuellement que l'expression de sa propre pensée.

On lui enseignera aussi à être tolérant avec lui-même : accepter de rater, de ne pas savoir, d'être perdu momentanément. On soutiendra en outre le bien-fondé d'exprimer sa reconnaissance, de rendre grâce à ceux qui nous viennent en aide, tout comme on peut rendre grâce à ses parents, à la nature, à la vie.

Dans une éducation qui favorise le développement de l'intelligence spirituelle, on réduit l'impulsivité et le « vite fait ». On prend son temps. On ralentit pour pouvoir être dans l'expectative. Cela permet de voir les choses arriver en leur laissant un espace pour ce faire. C'est comme attendre sans bouger en forêt qu'un animal sorte de son terrier. Il est important de croire que les choses puissent arriver si on veut les voir. Aujourd'hui, les adultes sont pressés par la société, mais aussi par leurs angoisses. Se presser permet d'éviter de se confronter à certaines peurs, cela empêche de penser. Le confinement a éclairé nombre de ces adultes qui ont réalisé à quel point ils pressaient leurs enfants avec excès. Or il importe dans l'éducation d'apaiser l'impatience et de leur apprendre à patienter, mais auparavant on l'apprendra soi-même.

Pour être patient, il faut réussir à être dans le moment présent. Beaucoup ont du mal à vivre et à profiter de l'instant. Ils sont sans cesse dans l'anticipation de ce qui va advenir. C'est le cas des enfants hyperactifs. Ils peuvent avoir une intelligence spirituelle développée, mais elle le serait davantage et surtout ils pourraient en user s'ils parvenaient à se poser. L'ouverture et l'attention sont nécessaires pour développer son intelligence spirituelle, et à l'inverse, développer cette dernière est une voie de guérison pour ces enfants hyperactifs.

Apprendre l'espérance à son enfant et à son ado est essentiel pour maintenir son élan vital quoi qu'il lui arrive. Dans la mythologie grecque, cédant à la curiosité, Pandore ouvre la boîte, libérant ainsi sur l'humanité tous les maux, les malheurs qui y étaient contenus. Elle n'eut que le temps de retenir l'espérance, qui nous permet, pauvres humains, de supporter la plupart des maux. Il faut parfois croire à ce qu'on ne voit pas pour finir par voir ce que l'on croit. Apprenez à votre enfant à repérer la lumière dans les situations les plus sombres. Pour cela, montrez-lui qu'on peut élargir son champ de vision sur une situation vécue avec douleur ; ainsi, avec l'application Google Map®, en grossissant, on peut voir apparaître des champs de verdure attrayants à l'entour, et certaines rues sombres finir par disparaître, en prenant de la hauteur.

Plus généralement on valorisera, en plus de la tolérance et de la tempérance, diverses qualités peut-être surannées que sont la bonté, la gentillesse, la fidélité, la douceur.

> *Je me souviens de cette adolescente qui avait une brillante intelligence spirituelle et qui me dit : « Quand je croise quelqu'un de trop fatigué pour donner un sourire, je lui laisse le mien. Car personne n'a plus besoin d'un sourire que celui qui n'en a plus à offrir. »*

Enfin, une éducation spirituelle consiste aussi à l'aider à dépasser le matérialisme, très présent aujourd'hui chez des enfants réclamant toujours plus de jouets, d'écrans, de sucreries, et qui voient dans le matériel la réponse à tous leurs désirs masqués.

# 2.

# Éveiller l'intelligence spirituelle dès le plus jeune âge

La spiritualité est quiescente en chacun et peut se cultiver à tout âge pour gagner en puissance. Cette dimension profonde est essentielle et son traitement emprunte différentes disciplines. À chacun de nous d'élaborer un contexte et des situations dans lesquels cette intelligence spirituelle puisse être reconnue et développée. On ne va pas transmettre un contenu, mais on va faciliter les activités et les expériences pour la cultiver. Un prérequis utile bien sûr est, je le redis, d'éveiller, de dynamiser et d'accroître sa propre spiritualité en tant que parent ou éducateur.

Je vais présenter ici différents domaines qui concourent chacun à leur manière au développement de l'intelligence spirituelle de votre enfant, mais aussi de la vôtre. Il n'est pas indispensable d'entrer dans le vaste champ des questions existentielles pour éduquer votre enfant à la spiritualité et accroître son intelligence spirituelle. On commence avec des aspects très concrets, et ce dès le plus jeune âge ; tout simplement avec des jeux.

## Des jeux simples et courants

Il existe des outils concrets pour cultiver l'intelligence spirituelle de votre enfant. Ce sont les jeux[22] !

Selon que l'on ouvre le jeu ou qu'on le ferme, qu'on le mène, le calme, le cache, que l'on s'y pique, que l'on en tire son épingle, qu'il en vaille la chandelle ou non, le jeu est à la vie ce que les répétitions sont au théâtre. Il apprend à être au monde en réduisant les enjeux. N'hésitez donc pas chaque jour à accorder à vos bambins au minimum une demi-heure pour qu'ils puissent jouer : seuls, avec vous, ou avec d'autres enfants, que ce soit à l'intérieur ou dehors. Les jeux moteurs permettent à l'enfant de faire connaissance avec son corps, ses pouvoirs et ses limites, et à mieux le contrôler. Cela l'aide aussi à se dégager du concret dans le cadre de jeux symboliques quand il invente des histoires avec ses figurines ou avec lui-même, et se projette ainsi dans un autre univers avec des champs du possible infinis. Aujourd'hui, beaucoup d'enfants passent moins de temps à l'extérieur que les prisonniers ! Les craintes pour leur sécurité nous retiennent de les laisser sortir sans surveillance, y compris quand ils sont adolescents. Quant aux activités complémentaires qui se développent dans le cadre périscolaire dans les grandes villes, elles se font souvent en salle, et

22. À lire : Sandrine Pitarque, *Jouons pour les aider à bien grandir*, Leduc, 2016.

les épidémies comme celle du coronavirus aggravent les choses en les réduisant. Aussi, dès que l'occasion se présente, offrez à votre enfant un coin de nature. Des contacts réguliers avec les espaces verts – des études le montrent – diminuent l'obésité, réduisent le stress, développent les aptitudes motrices, améliorent la concentration, l'attention et l'imagination, augmentent la sociabilité et la confiance en soi, attisent l'intérêt des enfants pour les sciences, et améliorent l'intelligence spirituelle.

Que ce soient des jeux dans la nature ou des jeux en intérieur, qu'il joue seul ou avec d'autres, l'enfant grandit et développe ses intelligences rationnelle, pratique, émotionnelle, mais également spirituelle.

Pas besoin de définir le jeu pour jouer. C'est une activité volontaire, qui n'est pas productive (ce n'est pas un travail) et qui est réalisée dans des limites fixées de temps et d'espace, selon des règles librement consenties qui s'imposent avec une fin en soi mais une issue aléatoire. Le jeu est associé à la recherche de sensations de joie, de plaisir, de tension, de détente. Il met l'individu en position d'accueil en le détachant d'une certaine réalité. Et il participe au développement de l'intelligence spirituelle en accordant au joueur la perception, l'impression, le sentiment ou la conscience d'être autrement, voire d'être quelqu'un d'autre que dans la vie courante. Ainsi, dans le jeu, on devient un autre soi-même avec des objectifs propres, une identité partielle, une origine plus ou moins prédéterminée et une destinée singulière. En se remémorant cet autre soi-même pris dans un jeu, on peut s'auto-observer dans l'après-coup, on peut prendre du recul sur son propre cheminement dans la vie.

*Arthur est un préadolescent très calme, timide, poli, discipliné, mais quand il joue au jeu du loup-garou, il se déchaîne, s'agite, peut se mettre debout sur le fauteuil, devenir très compétitif, hurler parfois de joie, de déception ou de réprobation.*

Le premier de ces jeux est le **coucou caché**. On s'amuse à montrer son visage à son bébé avant de le masquer de ses mains, puis de le faire réapparaître.

Plus tard, c'est le jeu de **cache-cache** qui prendra le relais. Sur le plan émotionnel, on apprend à l'enfant à maîtriser ses angoisses de séparation. Sur le plan spirituel, il comprend la permanence et l'existence de la chose (objet ou personne), même quand on ne la voit pas ou qu'on ne la voit plus.

Parmi les différentes sortes de jeux de société, l'aléatoire occupe une place importante dès qu'on utilise un dé (petits chevaux, jeux de l'oie), des distributions de cartes ou bien qu'il y a un tirage au sort (le loto traditionnel par exemple). Dans ces **jeux, le hasard** ou le destin, selon la lecture que l'on a de l'aléa, est aussi acteur que les joueurs eux-mêmes. Cela apprend cette donnée fondamentale dans l'existence qu'on ne peut pas maîtriser tout ce qui nous fait avancer. La notion de destin apparaît alors comme une force qui arrive, semble s'imposer à nous, sans qu'aucune de nos actions y puisse rien modifier. Elle est au cœur de nombre d'œuvres littéraires depuis la nuit des temps. Le destin désigne le devenir d'un individu comme s'il était prédéfini par une instance supérieure (divine notamment) ou immanente à l'univers (selon une conception déterministe : l'univers physique est considéré comme soumis à des lois qu'il est possible d'expliciter afin de prévoir le devenir des phénomènes). Cette notion de destin est aussi un sujet religieux majeur, qu'elle soit réfutée absolument (religion juive ou chrétienne) ou considérée comme un axiome (islam). Sans aller jusqu'à penser ou croire au destin de prime abord lors de ces jeux, on évoque cependant le hasard, qui serait une sorte de principe déclencheur d'événements non liés à une cause et qui serait imprévisible ou imprédictible. Le hasard, rattaché au mot arabe *az-zahr* (رهزلا) signifiant originellement « dés » et ayant pris le sens de chance, s'enseigne à l'enfant grâce justement aux jeux de hasard. Et ce n'est pas toujours une mince affaire. Car c'est un obstacle majeur pour sa pensée rationnelle, qui va rechercher une explication logique, mais aussi sa pensée émotionnelle qui, selon son estime de soi et sa vision affective de son cheminement, peut lui faire se sentir aimé donc chanceux ou mal-aimé et malchanceux.

*« Le dé ne m'aime pas », déclare Sam, 4 ans, qui perd au jeu.*

À l'inverse, d'autres enfants vont imaginer, s'ils gagnent, que c'est la manière de lancer le dé qui donne la victoire et non le hasard. Intégrer et cultiver les notions de hasard et par extension de chance, de providence, de destin, de fatalité emprunte les voies de l'intelligence spirituelle. On peut aussi avec son enfant s'il le souhaite, en dehors de jeux, tenter de définir le hasard.

## MAMAN, C'EST QUOI LE HASARD ?

Le hasard est ce qui vient par hasard. Il n'y a pas de cause directe. Mais le hasard peut arriver au milieu d'une série d'événements, de causes indépendantes les unes des autres et qui ne résultent d'aucune intention. Cela le rend très difficile à prévoir. Exemple : Il y a eu une tempête il y a six mois. Elle a fragilisé la branche d'un arbre. Aujourd'hui il fait beau et Paul décide de sortir. Il voit une fleur sous un arbre. Il pense à Pauline. Alors il s'écarte de son chemin pour la cueillir, pensant la lui offrir. La branche craque à ce moment et lui tombe dessus. C'est une série d'événements, ayant chacun une cause propre, qui se rencontrent à un moment donné de façon peu prévisible et chaotique. Le hasard a beaucoup de pouvoir sur nous. D'autant plus si l'on considère que c'est par hasard que nous vivons. Mais comme il est difficile d'admettre mentalement le hasard et le chaos, on va considérer que le hasard ne l'est pas vraiment. Ainsi, un enchaînement malheureux de hasards apparents devient la fatalité. Si les événements sont vus comme relevant d'une loi qui voyage incognito, mais déterminée à l'avance, on parlera de destin, et les hasards apparents de la vie deviennent la destinée. Si derrière le hasard on voit la main d'un dieu, on parle de providence. Enfin, dans l'ancienne culture chinoise, les enchaînements d'événements peuvent avoir un sens sans dépendre pour autant d'un rapport de cause à effet. On parle alors de synchronie.

Les **jeux à règles** permettent un apprentissage du respect des règles sociales. De plus, le plaisir du jeu et l'acceptation des règles sont codépendants dans les jeux à règles. Ils sont donc un bon moyen pour déployer l'intelligence morale.

Parmi les **jeux moteurs**, certains donnent aussi le vertige, comme le tourniquet, le tourbillon (tenu par les mains, on tourne autour de l'autre en toupie), les jeux de vitesse, les danses libres ou pour les ados certains jeux à risques comme le saut à l'élastique. Il n'y a aucune réflexion intellectuelle dans ces jeux, au contraire d'autres jeux comme les échecs. Il y a la recherche d'émotions fortes comme la peur. Mais c'est davantage le vertige qui est recherché. Il s'agit de l'illusion de perte de contrôle totale de son corps, pouvant aller jusqu'à la sensation de sortie possible de son corps. Le cerveau lui-même semble hors de contrôle avec un état d'égarement, d'étourdissement. Le mal-être physique (nausée, malaise) fait arrêter le jeu qui, dans certains cas, peut être dangereux, voire mortel (on pense au jeu du foulard). S'il faut être vigilant aux dangers, on doit avoir en tête ce besoin chez l'enfant d'un oubli de soi momentané et contrôlé. Cultiver ce besoin en usant de l'intelligence spirituelle sera un moyen de prévenir la recherche de frissons, de transport, d'égarement, d'enivrement, d'ivresse, d'emballement, de déséquilibre dans des conduites à risques (comportement fréquent et cause majeure de mortalité chez les jeunes gens) ou la prise de toxiques (alcool, drogues diverses).

Les jeux enfin sont source de joie.

## L'appel à la joie

La joie permet l'évasion hors du temps. Elle est difficilement mesurable et l'on ne connaît pas de formule mathématique qui soit derrière celle-ci. C'est en soi qu'on la trouve, pas dans les choses. C'est un facteur vital, pas toujours facile à obtenir. Elle existe indépendamment du bonheur, comme il existe des bonheurs sans joie. Elle n'est pas l'ennemie de la morale, au contraire c'est souvent l'absence de joie qui pousse à la débauche. Elle invite au partage (au contraire du chagrin qui se porte seul). Elle est devenue presque subversive en ces temps moroses, alors qu'elle prolonge la vie[23]. C'est pour l'auteur chrétien Gilbert Cesbron la principale preuve de l'existence de Dieu. La joie est pour le philosophe Henri Bergson le signe d'un accomplissement, d'une réussite. Elle fait souvent suite à la créativité, que ce soit celle de la mère qui a mis au monde son enfant, ou celle de l'enfant qui arrive à empiler ses premiers cubes ou à faire ses premiers pas. Et dans le même temps de la joie naît souvent la création. Cela ferait de la joie un des sens primordiaux de l'existence, quand le plaisir et sa recherche n'auraient pour vocation que la conservation de l'espèce (notamment le plaisir sexuel ou alimentaire). En tout cas, la joie se passe de raison bien souvent et, comme le pense le philosophe Nicolas Go[24], elle s'accomplit dans l'art, le rire et le sacré. Elle est donc du côté de l'émotionnel et du spirituel. On éveillera donc chez l'enfant pour développer son intelligence spirituelle des sentiments de joie, d'enchantement, de ravissement, d'admiration. Pour ce faire, on aménagera des moments de pure détente, consacrés aux jeux ou à la contemplation de la nature en dehors de tous les conflits, reproches ou contraintes inappropriées.

Pour éveiller un enfant à la joie, nul besoin de tout lui céder et de lui laisser faire tout ce qu'il veut. Au contraire, la joie a besoin de cadre pour s'ébattre. Éveiller son enfant à la joie passe par une éducation bienveillante. La joie naissant de la création bien souvent, on soutient l'enfant dans ses diverses expériences de vie en suscitant sa curiosité, on est à ses côtés sans faire à sa place, on l'encourage, on développe sa persévérance, on lève sa crainte de

23. Selon Ben Sira, l'Ecclésiastique, IIe siècle avant J.-C.

24. Nicolas Go, *L'art de la joie. Essai sur la sagesse*, Livre de Poche, 2012.

l'échec et on valorise ses réussites quelles qu'elles soient. Partagez votre joie, vos sourires (on ne sourit jamais trop à son enfant), vos rires, vos enthousiasmes et vos émerveillements. Entourez-le de gens positifs, optimistes et joyeux. Il va découvrir ses limites grâce à ses échecs, qu'il s'agit de dédramatiser, ce qui n'empêche pas de le pousser à recommencer. On développe ses compétences et on veille à ses temps d'écran. On s'assure que ses besoins en sommeil, tendresse, écoute, temps de jeux et alimentation diversifiée sont respectés. On est à l'écoute de ses peurs, qu'on autorise à s'exprimer jusqu'au bout, et on cherche ensemble des moyens de s'en préserver. On lui dit qu'on l'aime tel qu'il est et qu'il nous rend heureux, car c'est la plus grande des joies des enfants. On assure sa sécurité, et on favorise son autonomie et ses relations avec les camarades de son âge. On profite de l'histoire du soir pour lui permettre de nous confier ses soucis, et on le questionne sur les moments les plus joyeux de la journée. On lui fait plus de compliments que de reproches et l'on critique un comportement, mais pas la personnalité de l'enfant. On voit ce qui va bien avant de noter ce qui déplaît. On lui montre le bon côté des choses. On lui pose des limites quand il le faut. On le console quand il est triste, sans lui interdire d'être triste ou de faire la tête. On se remémore les bons moments et on ne ressasse pas les mauvais.

L'adulte que nous sommes donnera l'exemple en se laissant aller à ces sentiments intenses et ineffables qui correspondent à des joies aussi simples qu'indicibles. Il la communiquera à son enfant sans avoir besoin de l'exprimer verbalement le plus souvent. Ces états où on laisse la joie venir en soi sans autre subterfuge que le jeu, le plaisir d'être ensemble dans la bienveillance réciproque, dans le présent et loin des contraintes sont des états préparatoires à des moments plus intenses encore, mais aussi plus rares, qui sont les ravissements de l'extase.

La joie, on l'a vu, naît souvent de la création, et la création est parfois fille de l'intuition. L'éveil à la joie passe donc par le déploiement de l'intuition.

# 3.

# Aiguiser l'intuition et le sens esthétique

## Quelques exercices pour perfectionner l'intuition

Aux côtés de l'intelligence rationnelle et de l'intelligence émotionnelle de son enfant, on va laisser agir l'intuition comme un guide toujours présent. Pour arriver à cela, on peut s'aider d'exercices qui vont donner lieu d'abord à une prise de conscience par l'enfant du caractère intuitif de certaines de ses pensées, de ses idées, de ses découvertes et de leurs valeurs. Puis d'autres exercices vont faciliter l'émergence de cette faculté ou en aplanir l'accès. En voici certains que je propose.

### *Les questions au grand sage*

Invitez votre enfant le soir, dans des moments d'attente ou quand il se relaxe, à se poser à lui-même des questions qui le préoccupent et à attendre que les réponses apparaissent. Qu'il fasse comme s'il posait la question à un(e) grand(e) sage et qu'il espérait la réponse, que cela soit sous forme de paroles, d'images ou de signes. Par exemple, votre enfant peut demander à ce grand sage imaginaire : « Dois-je faire confiance à ce garçon ou à cette fille ? » Ou : « Comment arrêter de faire des bêtises en classe ? » Il s'accordera alors un temps durant lequel, sans effort de réflexion manifeste, il laissera venir à lui la ou les réponses.

## *Donne la parole aux sept petits « toi »*

Nous possédons tous plusieurs facettes, qui peuvent être aussi nombreuses que les sept compagnons de Blanche-Neige : le Joyeux, le Distrait ou le Professeur. Selon les moments, l'une de ces facettes prend le dessus sur les autres et guide notre « moi ». Votre enfant peut prendre conscience qu'il a selon les jours un regard différent sur les choses. Quand il se pose des questions, votre enfant peut s'entraîner à écouter les réponses différentes de chacun de ses petits « moi » qui le composent. On lui demandera : « Si tu étais joyeux, tu penserais quoi sur ce sujet ? Et si tu étais très sérieux ? » Ainsi, il aura des éclairages différents de ses différents points de vue, et non pas seulement la réponse d'une de ses sous-personnalités qui dominerait. Cet exercice répété facilitera l'émergence d'une réponse intuitive globale.

## *Réponds sans réfléchir*

On reproche souvent à l'enfant de répondre sans réfléchir. Bien entendu une réponse spontanée n'est pas toujours la bonne, mais elle est toujours intéressante à entendre et, surtout, il est précieux de comprendre d'où elle provient. Certaines réponses spontanées sont de vraies intuitions, et votre enfant apprendra ainsi à faire la différence entre un pseudo-souvenir, la réponse qu'on croit attendue par l'interlocuteur, une réponse réflexe, et justement une véritable intuition qui s'apparente à une révélation. Aussi, on n'hésitera pas à s'enquérir auprès de l'enfant sur ce qui lui vient en tête, en l'absence de stress, lequel pousse à donner la réponse que l'on pense être attendue par l'interlocuteur.

## *Le repérage des coïncidences*

On pense parfois à dire quelque chose à un ami, et avant qu'on ne le dise, cet ami nous en parle. Vous pouvez aider l'enfant à repérer d'autres faits analogues dans son quotidien.

> *Ambre, 9 ans, pense le matin à une compote de pomme et il se trouve que c'est le dessert proposé le midi à la cantine. Tim, 7 ans, perd un personnage Playmobil® auquel il tient et, sans le savoir, sa grand-mère venant dîner le soir lui offre le même.*

Ces coïncidences, que Jung nomme « synchronies » sont intéressantes à noter pour apprendre à développer son attention aux signaux non verbaux.

## *Devine qui vient dîner*

Quand le téléphone sonne sans qu'il le regarde, invitez votre enfant à deviner qui appelle en raisonnant le moins possible.

Idem si vous recevez quelqu'un à dîner. De même, laissez-le prévoir quelle sortie vous allez lui proposer ce week-end. Ou encore si le lendemain la professeure va l'interroger en classe. Il ne s'agit pas tant de jouer aux devinettes que d'apprendre à écouter sa voix intérieure. On fera aussi des tests avec lui. Par exemple, à l'occasion d'une promenade en forêt, où il pourrait se croire perdu s'il était seul, demandez-lui d'écouter son intuition pour retrouver le chemin.

## *La relaxation*

La relaxation, dont on parle un peu plus bas, aide l'enfant à mettre de côté les stimulations externes. Ce peut être aussi un temps de simple écoute musicale. Ce faisant, elle favorise l'introspection et donc l'accès à ce sixième sens qu'est l'intuition.

## *L'éveil des sens*

Entraînez-le à être attentif aux odeurs de son environnement, que ce soit dans la nature ou encore dans d'autres lieux. On peut essayer de décrire les odeurs dominantes ou les comparer avec des odeurs connues. De même pour les bruits, notamment en pleine nature. Apprenez-lui à distinguer les différents éléments sonores parmi un brouhaha urbain par exemple. Enseignez-lui aussi à discerner l'humeur de l'autre ou bien ce à quoi il pense, que ce soit en observant les gens dans la rue ou au sein de la famille.

## *Se faire confiance*

L'enfant confiant en lui aura moins besoin de prendre appui systématiquement sur le déclenchement de sa mémoire ou sur un échafaudage spéculatif pour trouver la bonne réponse. Il acceptera d'être à l'écoute auparavant de sa voix intérieure, de son intuition si celle-ci se manifeste. Cela passe par l'étayage de sa confiance en soi. De nombreux ouvrages sont consacrés à ce programme. Parmi les conseils adaptés, citons les suivants : valorisez les succès et les efforts de votre enfant, aidez-le à repérer ses forces, laissez-le exprimer ses pensées et ses émotions, consacrez-lui du temps de loisirs, donnez-lui des responsabilités adaptées à son âge, ou encore soyez réaliste dans vos attentes à son égard.

## *Être attentif aux messages de son corps*

Plus l'enfant est jeune, plus son corps va s'exprimer pour lui. Mais l'enfant ne va pas traduire mentalement les messages de son corps. Aidez-le en cela. Que son cœur batte vite, qu'il se fasse des nœuds à l'estomac ou que sa vue se brouille, expliquez-lui que cela peut provenir d'une forme de mise en garde que lui envoie son corps, qui détecte par exemple des intentions malveillantes d'une personne. Dans ses choix, bons ou mauvais, l'enfant doit pouvoir ausculter les messages que son corps lui envoie.

## *Dessiner un symbole*

Cet exercice est à faire plutôt avec un grand enfant ou un adolescent. S'il se pose des questions existentielles ou d'autres questions importantes telles que « De quoi ai-je peur dans ma vie actuellement ? », qu'il se répète lentement à trois reprises sa question, en attendant un moment entre chaque question et l'arrivée d'une réponse éventuelle dans son esprit. Puis qu'il dessine un symbole lui venant à l'esprit. Discutez enfin avec lui de l'interprétation de ce symbole.

*Sam, 13 ans, dessina une faux qui pouvait laisser penser à la mort, au temps qui passe, à une amputation ou à la nécessité de faucher les mauvaises herbes autour de soi.*

Son intuition aiguisée, aidez-le aussi à aiguiser son regard et à le rendre sensible notamment à la beauté qui est dans les choses, mais aussi dans l'esprit de celui ou celle qui les contemple.

## Apprendre le beau à vos enfants

Il est bon d'enseigner le bien. Il est aussi bien d'enseigner le beau. Bien et beau sont parfois confondus, notamment quand on dit à un enfant qui ne se conduit pas bien que ce qu'il fait ou dit n'est pas beau. Pour le pire, car cela laisse entendre que ce qui est laid ne peut être bien. Et qu'en particulier quelqu'un de laid ne peut être un homme ou une femme de bien. Pour le meilleur, quand un travail bien fait conduit au beau et devient un beau travail. On parle aussi de la beauté d'un sentiment, d'une action, quand cela soulève l'admiration par sa noblesse ou son élévation morale.

La sensibilité au beau apparaît tôt dans la vie. Elle est probablement sous-tendue par des facteurs génétiques qui associent le beau et le sain, protégeant ainsi les premiers hommes. Elle crée des émois divers chez l'enfant. Le très laid aussi d'ailleurs. Le beau émerveille, surprend, excite, apaise, selon le contexte et la personnalité de l'enfant.

*Aiden, 4 ans, au restaurant avec sa mère, voit une dame assise à une table voisine et s'exclame comme soulevé par une pulsion : « Maman, cette dame est belle, j'ai envie de l'embrasser. »*

*« Comme c'est beau », dira spontanément Ava, 7 ans, en voyant pour la première fois la tour Eiffel éclairée, sans que cela ait été provoqué par ses parents, qui étaient eux blasés de cette vue.*

Cette aptitude à percevoir le beau doit être éveillée si elle ne naît pas spontanément et être entretenue si elle s'émousse. Pourquoi ? Parce que cette composante de l'intelligence spirituelle est source de joie et de bien-être. C'est un anxiolytique et un antidépresseur. La beauté nous dépasse. N'étant pas utilitaire, elle aide à s'écarter du plaisir purement matériel et de fait rend plus libre en ouvrant à des jouissances autres. La beauté est une satisfaction désintéressée. Elle est une initiation au conceptuel. La beauté est unique dans l'émoi fondamental qu'elle génère en nous, quand la laideur est multiple. Car la beauté n'est pas une qualité inhérente aux choses elles-mêmes. Même si elle repose sur le concret d'un objet, d'une personne ou d'un paysage, elle est difficilement exprimable ou quantifiable. Peut-être existe-t-elle seulement dans le regard et, au-delà, dans l'esprit qui la contemple ? Elle serait donc une réalité dont le corps est donné par l'esprit. Une réalité spirituelle. Développer la capacité à rechercher et à voir le beau favorise en partie le déploiement de l'intelligence spirituelle. Elle est en tout cas hors de l'intelligence rationnelle. Même si l'on essaie de rationaliser la beauté en parlant de proportion ou de symétrie, la beauté reste « un piège tendu par la nature à la raison », comme le suggérait Voltaire. Les croyants comme l'écrivain britannique Charles Kingsley y verront « la signature de Dieu[25] ».

Certains enfants vont avoir une sensibilité plus auditive, d'autres plus visuelle, voire olfactive. Ils seront alors davantage sensibles aux belles images, à la beauté des sons et notamment aux musiques ou encore aux belles odeurs. Mais ne vous limitez pas à éduquer ou à stimuler ce qui touche le plus votre enfant. Avec un enfant qui a surtout une sensibilité visuelle, on ne renoncera pas à associer des mélodies qui nous paraissent belles aux images ou panoramas qui l'émeuvent, et réciproquement. Enfin, désignez à l'enfant ce qui vous semble beau et invitez-le à vous dire ce qu'il trouve beau.

La beauté nous entoure, mais la profusion d'images ou de sons parasite notre capacité à la percevoir. Quand on est trop irrité, comme on peut l'être un matin d'automne en allant à l'école dans un grand centre urbain, par le brouhaha et les mauvaises odeurs, on a tendance à s'enfermer dans sa coquille et à se mettre à l'abri de toute stimulation. En revanche, on profitera d'une promenade le week-end en forêt ou simplement dans un parc pour donner à voir à son enfant la beauté des éléments de la nature. La beauté n'est pas seulement naturelle. On la trouve aussi dans les personnes, les objets et dans l'art. Le philosophe Hegel[26] considère qu'il y a une différence conceptuelle entre le beau de nature et le beau artistique. Pour lui, le beau artistique est « très au-dessus de la nature » parce qu'il est

25. Charles Kingsley, *Un homme de cœur*, 1886.

26. Georg Wilhelm Friedrich Hegel (1770-1831) est un philosophe allemand.

œuvre de l'esprit ! Supérieur ou égal peu importe, le beau se suffit en lui-même et n'a pas besoin d'être comparé à plus ou moins beau. On remarquera avec son enfant les belles façades d'immeubles, les belles moulures au-dessus de portes d'entrée, les belles sculptures dans les jardins ou les musées, ou la beauté de certains nuages. Avec un jeune enfant, on n'hésite pas à circuler dans un musée, sans lui imposer des stations debout prolongées qu'ils sont peu nombreux à supporter. Il ne s'agit pas de le dégoûter. Mais tout en respectant cette dynamique, nous demanderons à l'enfant dans une salle de nous dire ce qu'il trouve beau. Nous ferons état aussi de ce que nous trouvons beau,sans bien sûr imposer un diktat de nos goûts.

La beauté, on la trouve aussi à la maison quand on dresse un beau couvert, qu'on marie de belles fleurs en un beau bouquet, qu'on écoute une belle musique à l'occasion d'un câlin.

*« Ilan (6 ans) ne supportait pas quand je mettais à l'écoute de grands airs d'opéra », me confie un parent au sujet de son fils. « Il arrêtait l'ordinateur et demandait à mettre des airs à la mode entendus dans la cour d'école. Je compris que les grands airs le touchaient trop, le bouleversaient même parfois, le rendaient triste, me dit-il finalement, et étaient trop douloureux à écouter. Aussi, je fis le choix de lui faire écouter des airs d'opéra joyeux, presque dansants, en attendant que sa sensibilité s'atténue. »*

L'hypersensibilité, qui est parfois d'origine génétique, touche aussi la sensibilité au beau. L'enfant hypersensible va être facilement émerveillé, ému ou agité, voire paradoxalement énervé face à de belles visions.

L'enfant apprendra aussi que le beau n'est pas forcément le cher. La preuve, il est dans la nature.

*Julien, 7 ans, collectionne les beaux coquillages ramassés sur les plages. Il les classe, dit-il, par « ordre de beauté ».*

Cette leçon s'adresse surtout aux préadolescents ou préadolescentes qui veulent se faire élégants en se couvrant de marques et qui trouvent beau le Smartphone le plus onéreux. La mode est un art et est évidemment une représentation essentielle du beau depuis des siècles. Mais l'élégance n'est pas synonyme de la mode, et puisque les enfants d'aujourd'hui réclament très tôt de s'habiller eux-mêmes, il convient de leur enseigner, si l'on se sent apte, l'harmonie des couleurs, des matières et des coupes.

On enseignera aussi à nos enfants la différence entre le beau et le joli ou le clinquant. Certains emballages ou tenues vestimentaires vont attirer l'œil mais lasser rapidement le regard. Le beau crée un émoi plus profond et surtout plus durable, et a souvent un caractère sinon universel du moins assez général, ce qui fait que des œuvres ou objets très anciens nous paraissent encore beaux aujourd'hui.

Le regard comme l'oreille se forment au contact du beau, mais pour cela il faut que l'enfant puisse le rencontrer. On veillera à ce qu'il ne soit pas confronté à trop de laideurs. Même si cela lui permet de hiérarchiser son sens esthétique et éventuellement de percevoir un beau détail au sein d'une laideur environnante, qu'elle soit visuelle ou auditive. L'enfant peut apprendre à trier. Ne soyez pas surpris que le vôtre trouve beaux certains personnages, jouets ou dessins de tee-shirt. Il confond le beau et ce qu'il aime. Cette affiche de Spiderman ou de la Reine des neiges, il va la trouver belle. Ne vous en alarmez pas ! D'ailleurs, le dessin n'est peut-être pas si laid que vous le pensez, et il n'est pas facile de faire le tri entre ce qui nous marque, les marques et le beau. Il apprendra à mesure, notamment quand il n'aimera plus ce personnage par exemple. Enfin, on pourra lui proposer de tenir un carton de choses belles, comprenant comme celui d'Ève : un marron, une pomme de pin, des photos imprimées, un poème, un marque-page, un dessin, une pierre, une fleur séchée et une boule à neige.

Si la beauté est parfois étrange, elle n'est jamais drôle. Pourtant, comme la beauté, l'humour est aussi difficile à circonscrire, mais exhausse tout autant le cœur et l'esprit.

# 4.

# Être spirituel au sens d'« avoir de l'esprit »

## Cultiver le sens de l'humour

L'humour demande à la fois de l'intelligence et une prise de distance. Le philosophe grec Aristote, qui trouvait le comique souvent vulgaire, admet que le rire est « le propre de l'homme ». Plus proche de nous, le philosophe Bergson considère que l'humour « s'adresse à l'intelligence pure ». Pour Sigmund Freud, il « ne se résigne pas, il défie ». Dans son analyse de la technique du mot d'esprit, le découvreur de la psychanalyse cite l'anecdote de deux hommes d'affaires, enrichis grâce à de malhonnêtes actions, qui ont demandé à un artiste célèbre de peindre leur portrait. Un critique d'art convié à commenter les deux toiles placées côte à côte demanda : « Et où est le Sauveur[27] ? » Le « Sauveur », c'est Jésus,

---

27. Sigmund Freud, *Le mot d'esprit et sa relation à l'inconscient*, 1905.

crucifié entre les deux larrons, les deux brigands. C'était là une manière humoristique de se moquer des deux hommes d'affaires. Le physicien Albert Einstein, connu pour son génie, avait coutume de dire que son intelligence provenait de son humour d'enfant. L'humour trouve aussi son essence dans la sensibilité. C'est un art d'exister. Il est aujourd'hui démontré que le sens de l'humour et l'intelligence verbale comme non verbale sont liés. L'humour, pour qu'il soit compris, traité et produit, nécessite des compétences cognitives et émotionnelles, mais aussi spirituelles, dans les deux sens du terme. D'ailleurs, pour le théologien américain Reinhold Niebuhr (1892-1971), dont la pensée aurait influencé le président américain Barack Obama : « L'humour est un prélude à la foi et le rire un début de prière. » Dans le domaine religieux, il fait la différence entre les croyants et les fanatiques, qui en sont dépourvus et qui, selon le mot d'André Frossard[28], « sont ceux qui font la volonté de Dieu… que Dieu le veuille ou non ! ».

Pour avoir le sens de l'humour, il faut avoir de l'esprit et du second degré, ce qui nécessite un recul sur soi et sur l'environnement ainsi qu'un bon contrôle émotionnel, une bonne aptitude à la gestion des conflits et une empathie développée. On peut faire la part des choses entre un style d'humour positif qui valorise les relations et apaise les conflits, et l'humour noir, l'ironie, le sarcasme, l'autodérision plus souvent associés à des émotions telles que l'amertume, l'agressivité ou la mésestime de soi. Avoir de l'humour fait rire ou sourire autrui, mais aussi soi-même. Or cela entraîne des sécrétions de neurotransmetteurs qui stimulent et développent les connexions neuronales, ce qui est favorable au développement de la

28. André Frossard (1915-1995) est un essayiste et académicien.

flexibilité, de la créativité, de l'agilité cérébrale et à la croissance des intelligences, notamment l'intelligence spirituelle. L'attention, la mémorisation, la communication, la confiance en soi et en l'autre se trouvent améliorées quand on a de l'humour.

Sur un plan plus spirituel, le sens de l'humour est une manière d'être au monde en l'accueillant avec lucidité sans se laisser étreindre par ses aspects négatifs. Il contribue à la conversion de nos cœurs à plus d'ouverture. Il donne accès à des vérités qui nous semblent difficiles à admettre, de façon détournée et donc moins douloureuse. En traversant les apparences d'un monde d'illusions, il dégonfle des prétentions et éclaire les dessous des cartes, les angles morts et donc les mensonges. C'est une issue de secours, un moyen de lâcher prise aussi. Par son action non violente, il aide parfois à préserver le siège de son intégrité morale et affective quand on est acculé. Il réduit l'intensité et la portée de la douleur. Face à l'absurdité apparente de la vie et du monde, il donne à voir les aspects plaisants, drôles, attendrissants ou insolites. Il prévient le désespoir en devenant parfois une forme d'élégance morale ; et en riant du malheur, il ouvre une porte à la sagesse. Appliqué à soi-même, le sens de l'humour témoigne d'un recul sur soi, d'une humilité, d'une aptitude à se déposséder.

Le sens de l'humour s'éduque, se développe, se nourrit, se transmet, il croît en maturité. Cependant, les compétences à l'humour sont innées, comme les autres aspects de l'intelligence, et naissent avec l'enfant. Le sens de l'humour apparaît sans doute très tôt. Dès les premières semaines de sa vie, le bébé sourit. Mais il sourit d'abord « aux anges ». Le premier vrai sourire volontaire n'apparaîtra qu'un peu avant 2 mois en réaction à quelque chose qui se produira dans son environnement. C'est le plus souvent un sourire réponse à celui de son parent, et c'est le début d'une véritable interaction entre l'enfant et le monde qui l'entoure. Quelques semaines plus tard, on le verra rire aux éclats.

*Constance, qui doutait de compter pour son enfant, confie qu'elle s'est sentie aimée de son fils à l'occasion de ses premiers sourires volontaires.*

**Pour faire sourire votre bébé,** mettez votre visage en face du sien et parlez-lui en souriant, faites des mimiques, des grimaces ou prononcez des sons variés (sifflements, ronflements, bruits d'animaux, vocalises). Chatouillez sans excès la plante de ses pieds, faites des bisous délicats ou bruyants sur son ventre ou dans le cou, soufflez sur son ventre ou ses mains, faites les marionnettes ou la petite bête qui monte, qui monte, et jouez à coucou, qui l'amuse beaucoup vers 8 mois.

C'est vers 1 an et demi qu'on observe les premières blagues de l'enfant quand il fait lui-même le jeu du coucou ou qu'il chipe un objet à vous en se sauvant. Il rit franchement de comportements insolites, comme papa qui fait mine de boire le biberon ou maman qui marche à quatre pattes. Le faire semblant, comme manger un fruit en plastique, marque une vraie entrée dans l'univers humoristique. Certains enfants sont, très tôt, de vrais clowns ayant un véritable plaisir à faire rire leur entourage. Avec l'apparition du langage structuré à partir de 2 ans et demi, le sens de l'humour s'exprime plus visiblement. Le mauvais usage volontaire d'un mot pour désigner un objet l'amuse. Il va rire si on lui montre une photo de chat en disant « c'est maman » par exemple. Vers 4 ans, il rira de situations improbables comme un chien qui vole. Le fameux pipi caca des enfants à l'école maternelle témoigne de l'intégration du caractère potentiellement transgressif des mots. Mais il devient sensible à la musicalité des phrases et notamment aux rimes qui peuvent l'amuser dans une comptine. Vers 4 ou 5 ans, alors qu'il commence à bien maîtriser sa motricité, il rit de la maladresse d'autrui, des bousculades à la Buster Keaton et des blagues du poisson d'avril. Avec l'entrée à l'école primaire, il s'intéresse aux devinettes qu'il aime raconter sans toujours bien les comprendre, aux blagues de Toto, et aux jeux de mots. Il aime au début qu'on répète les mêmes blagues, car il est surpris de son rire et cherche à maîtriser la mécanique qui le fait rire, tout en recherchant le même plaisir. Plus il grandit, plus il maîtrise les différents types d'humour. Ainsi, il différencie les humours pour petits de ceux pour grands, et use dès l'âge de 9 ans parfois de sarcasme et d'ironie.

On n'hésitera pas à jouer avec son enfant pour le faire rire en fonction de son âge, et on rira de bon cœur quand il fera ses pitreries ou ses propres blagues. Le sens de l'humour s'apprend par mimétisme et identification, mais surtout il se développe chez l'enfant si celui-ci se sent autorisé à en faire usage. En recevant vos amis à la maison et en riant avec eux, vous apprendrez à l'enfant à percevoir le sens de l'humour des adultes. À mesure qu'il grandit, on lui apprend le caractère adapté de l'humour, qui ne sera pas méchant et pourra être limité dans le temps quand on devra redevenir sérieux. Ne craignez pas de perdre votre autorité si vous acceptez de rire de vous en prenant avec humour vos propres maladresses par exemple. Avec bébé, on blague en cherchant le doudou qui est devant notre nez ; à table, on détourne la cuillère de bébé pour faire mine de manger son contenu, on lui dit non, non, non quand il tend la main pour prendre l'objet qu'on lui tend, on passe du langage au chant et du chant au langage. Jouez aussi à faire semblant. Quand votre enfant sait parler, jouez avec le langage en accélérant le débit, en modifiant le timbre de la voix ou en jouant avec les mots qu'on transforme, en faisant des rimes. Faites des imitations, lisez des histoires qui ont des passages amusants, regardez avec les plus grands des comédies classiques et remémorez-vous ensuite les scènes les plus drôles.

Ils peuvent apparaître spirituels parfois, mais surtout ils surprennent et rendent perplexes. Ce sont les paradoxes qui sont non des jeux de mots, mais plutôt des jeux de pensées.

## Explorer les paradoxes

Les paradoxes, nous y avons tous été confrontés. Ce sont de puissants stimulants de la réflexion, sur le plan rationnel, car ils ont permis des découvertes en divers domaines d'études (science, astrophysique, mathématique, philosophie…), mais aussi sur le plan spirituel.

Ils ouvrent des portes à des questionnements métaphysiques voire à d'autres dimensions, car ils font trembler les assises du rationnel et soulèvent la complexité de la réalité. Un paradoxe est une proposition qui contient (ou semble contenir) une contradiction. C'est aussi une situation, une affirmation surprenante qui entre en contradiction avec les idées reçues, les préjugés, l'opinion courante, le bon sens, l'intuition commune. C'est encore un raisonnement qui, bien que correct, débouche sur une aberration. Une proposition qui, mettant la lumière sur un point de vue irrationnel, prend le contrepied des certitudes logiques, de la vraisemblance. L'intelligence rationnelle est alors souvent mise à mal avec les paradoxes et nous fait basculer dans l'intelligence spirituelle, qui vient alors nous servir d'appui.

Étudier les paradoxes avec son enfant en allant du plus simple à ceux qui nécessitent un savoir pour les étudier, comme les paradoxes en physique ou mathématique, participe à son ouverture d'esprit vers l'infini, le mystère, l'allégorie, qui sont les champs d'exploration de l'intelligence spirituelle.

D'ailleurs, dans les religions les plus anciennes, on analyse des paradoxes. **C'est une base de l'enseignement dans l'une des branches du bouddhisme** (l'école Caodong). En voici l'un des plus connus :

*« Toutes les choses sont impermanentes.*

*L'impermanence est-elle permanente ou impermanente ? »*

Dans cette proposition, il apparaît que si l'impermanence est permanente, c'est qu'il y a donc quelque chose qui est permanent, à savoir l'impermanence elle-même, et donc tout n'est pas impermanent. Et si l'impermanence est impermanente, cela veut dire qu'elle a un achèvement au-delà duquel va s'installer la permanence.

Voici un autre paradoxe, plus récent, également intéressant, le **paradoxe de Russel ou paradoxe du barbier** :

*Un arrêté municipal oblige le barbier (masculin) à raser tous les hommes du village qui ne se rasent pas eux-mêmes et uniquement ceux-ci. Que doit faire le barbier pour lui-même ?*

Il n'y a pas d'issue pour lui, car si ce barbier se rase lui-même, il enfreint la règle, en effet le barbier ne peut raser que les hommes qui ne se rasent pas eux-mêmes. Mais s'il ne se rase pas lui-même (qu'il se fasse raser ou laisse pousser la barbe), il est condamnable aussi, car il doit raser les hommes qui ne se rasent pas eux-mêmes.

Le **paradoxe du menteur** est très concis :

*« Là je mens. »*

Vrai ou faux ? Si la phrase est fausse, alors celui qui l'a dite ne ment pas et donc la phrase « je mens » est vraie. Mais si elle est vraie, alors celui qui l'a dite ment, donc la phrase est fausse.

Une autre forme de paradoxe est le **syllogisme**. Le premier connu nous vient d'Aristote :

*« Tous les hommes sont mortels, or Socrate est un homme ; donc Socrate est mortel. »*

Un syllogisme est un raisonnement logique avec au minimum trois propositions incluant une conclusion. Les deux premières propositions (prémisses) sont supposées vraies et donc la conclusion est valide. En fait, il faut distinguer validité et vérité. Si toutes les propositions s'enchaînent logiquement, le raisonnement est valide, mais il n'est pas vrai pour autant. Ainsi, voici un syllogisme à la fois valide et faux :

*Toutes les créatures sans pattes sont voleuses ;*

*Or les serpents n'ont pas de pattes ;*

*Donc les serpents sont voleurs.*

Le **paradoxe du fromage à trous** est aussi élaboré sur un syllogisme :

*Prenez un fromage à trous du type emmenthal. Plus il y a de fromage, plus il y a de trous. Or plus il y a de trous, moins il y a de fromage. Donc plus il y a de fromage, moins il y a de fromage.*

Le « truc » provient du contexte qui diffère d'une prémisse à l'autre, confondant le volume du fromage et sa densité (rapport matière et volume).

Plus complexes et destinés aux ados férus de physique sont certains paradoxes en astrophysique. En voici un d'Albert Einstein relatif à la vitesse de la lumière et son rapport au temps :

*« Imaginez que vous chevauchiez un instant un rayon lumineux (donc à la vitesse de la lumière). Est-ce qu'un miroir placé devant vous reflétera votre visage (à la vitesse de la lumière également) ? »*

Réponse : Oui et non. Non, car la lumière reflétée par mon visage ne va pas plus vite que le rayon. Le temps se révèle figé. Oui, le miroir va refléter votre visage, car le rayon lumineux quitte mon visage et va vers le miroir à la vitesse de la lumière dans mon référentiel, mais cela ne sert à rien, car le temps est figé pour moi.

Le **paradoxe du tas** repose sur le flou du langage courant. Il fut énoncé au IVe siècle avant J.-C. par le Grec de Turquie Eubulide :

*« Un grain seul (de sable par exemple) ne forme pas un tas. L'ajout d'un grain ne fait pas un tas. Donc on ne peut pas constituer un tas par l'accumulation de grains. Notons qu'un tas reste un tas si on lui enlève un grain, donc un grain unique, voire l'absence de grain, constitue toujours un tas. »*

En fait, le problème est insoluble si le nombre de grains pour faire un tas n'est pas défini.

Il y a les **paradoxes dits probabilistes** comme celui des trois pièces de monnaie :

*On jette en l'air trois pièces de monnaie. Quelle est la probabilité que toutes trois retombent du même côté, que ce soit pile ou face ?*

Réponse : 25 %.

Pourtant, si je lance trois pièces, il y en a forcément deux qui seront déjà du même côté ; la troisième le sera avec une chance sur deux. On peut donc affirmer qu'il y a une chance sur deux (50 %) que toutes trois tombent du même côté.

Or la probabilité correcte est 1/4 et non 1/2. Le problème consiste à repérer l'erreur de raisonnement aboutissant à la mauvaise conclusion. En fait, c'est plus un exercice de raisonnement probabiliste qu'un réel paradoxe, mais comme tous les paradoxes précédents, il plonge l'esprit dans un au-delà.

Pour finir, certains paradoxes ont la forme d'une **logique pervertie**. On les retrouve chez les auteurs de citations devenues célèbres, qui sont considérées comme des traits d'esprit :

- Guy de Maupassant s'opposa, comme beaucoup d'artistes, à la construction de la tour Eiffel. Après son ouverture, il déjeunait souvent dans l'un des restaurants du premier étage. Un jour, un journaliste l'interrogea sur cette apparente contradiction et il répondit : « C'est le seul endroit de la ville où je ne la vois pas. »
- Arrêté par la Gestapo comme Juif avec sa femme, à son départ pour le camp de Drancy Tristan Bernard a cette phrase : « Jusqu'à présent nous vivions dans la crainte ; à présent, nous vivrons dans l'espoir ! »
- L'auteur Sacha Guitry est féru de ces paradoxes. En voici un accordé à une dame lui demandant un autographe. Il écrivit de sa main sur la page du livre qu'elle lui tendait : « Pardonnez-moi, mais je ne donne jamais d'autographe. » Et il signa !

Les jeux d'esprit forment l'intelligence spirituelle mais celle-ci, comme les autres formes d'intelligence, n'est pas désincarnée. Elle est intelligence d'un corps. Ce corps est le support concret de cette intelligence qui elle-même va spiritualiser ce corps.

# 5.

# Des activités physiques pour favoriser le développement spirituel

## Les exercices de relaxation

La relaxation, quand elle est appliquée au corps (car la relaxation est aussi un terme utilisé par exemple en optimisation mathématique où elle a le même sens, qui est de transformer des contraintes élevées en des contraintes moins strictes), a pour objectif de lever les contraintes physiques qui pourraient gêner le plein développement de l'intelligence spirituelle. En effet, les contraintes motrices, les dynamiques musculaires sont des forces qui peuvent parasiter la disponibilité spirituelle.

La relaxation peut ainsi être un outil pour libérer l'enfant de tensions qui nuisent au plein exercice de son intelligence spirituelle. En effet, l'enfant peut être calme en apparence, mais au prix d'une tension musculaire élevée. Il peut s'agir des muscles du système locomoteur (les muscles striés), mais aussi des muscles dits lisses, qui sont les muscles des organes et notamment ceux des intestins entraînant en cas de contractions excessives des spasmes, des douleurs, des coliques. Or ces tensions empêchent souvent la bonne circulation des pensées et l'élaboration d'états d'esprit spirituels. En plus de l'exercice de l'intelligence spirituelle, elles parasitent par ailleurs l'exercice des intelligences rationnelle et émotionnelle.

Quand l'enfant est très énervé et turbulent, il ne perçoit pas toujours les tensions contre lesquelles il lutte en s'agitant. Il faut alors l'aider à prendre conscience de ses tensions internes plutôt que de lui dire de se calmer, ce qui l'énerve parfois davantage. Apprendre à se relâcher ne va pas de soi chez l'enfant. La croissance favorise la tension, l'action. C'est donc activement dans un premier temps qu'il pourra se relaxer et se libérer des tensions.

*Écoutons Anne, psychomotricienne : « Quand un enfant arrive au cabinet très énervé, je lui demande de fermer les yeux et de visualiser ce qui l'a énervé avant d'arriver ici. Puis je lui demande d'inspirer profondément, de retenir l'air à l'intérieur de lui, de serrer ses poings, et enfin de relâcher l'air avec force comme s'il envoyait un coup de poing. »*

La relaxation peut s'enseigner dès l'âge de 3 ans. Deux ou trois minutes par jour sont suffisantes avec les petits. En plus de préparer un terreau propice au développement de l'intelligence spirituelle, cela favorise l'auto-apaisement, la libération des tensions dues à divers stress ainsi que les capacités d'attention et de concentration.

Des activités chez le tout-petit font office de préapprentissage pour ces aptitudes à se relaxer. L'écoute musicale est la première d'entre elles. L'enfant peut suivre la musique en étant allongé, assis ou en mouvement. On choisit différents types de musique (classique, contemporain, pop, berceuse, *world music*). On observe la réactivité de l'enfant aux différentes musiques qui sont pour lui alors autant de nouveaux univers qu'il explore sur le plan sensoriel, moteur, émotionnel, mais aussi spirituel. La danse, quels que soient le sexe ou la personnalité de votre enfant, est l'une de ces activités ludiques qui sont proposées idéalement conjointement à la musique. Elle est un préalable à la relaxation dans la prise de conscience et la motilité de son corps et de sa maîtrise. On maîtrise avant de pouvoir relâcher. Dans les premiers temps, il s'agira d'expressions libres des mouvements sur des mélodies dont on fera varier le rythme de très rapide à très lent, pour revenir ensuite à un rythme d'éveil.

Le grand intérêt de l'apprentissage de la relaxation est que le parent en tire souvent autant de bénéfices que l'enfant ! On choisira idéalement une pièce calme, pas trop éclairée, insonorisée, et si possible un espace pas trop vaste pour que l'un et l'autre se sentent contenus. Ce peut être sous un lit en mezzanine, sous une tente d'enfant, dans le coin d'une pièce, sur un tapis avec quelques coussins autour.

La relaxation chez les enfants diffère de celle chez les adultes sur un point majeur. C'est que la relaxation infantile ne réclame pas la passivité physique. Au contraire, elle repose beaucoup sur le mouvement, le jeu et sur l'animation du corps. On emploiera notamment des jeux d'étirement, de l'automassage, des exercices respiratoires, et, pour les préadolescents, de la décontraction musculaire.

## *Les jeux d'automassage*

L'enfant pourra bercer une peluche, une poupée ou un baigneur en étant accompagné d'une musique douce. Vous pouvez aussi dessiner un motif avec votre doigt ou des chiffres dans son dos et l'inviter à deviner la signification du dessin. Une autre fois, on proposera à son enfant de se masser par de petits mouvements circulaires successivement le haut du crâne, le front, les joues, la nuque, puis les mains, et enfin les pieds. Il pourra également se masser délicatement l'abdomen en faisant des cercles autour du nombril avec sa main dans le sens des aiguilles d'une montre.

## *Les jeux d'étirement*

L'enfant peut imiter un animal qui fait un mouvement lent comme un chat qui s'étire, une mouette ou un aigle qui déploie et replie ses ailes, un éléphant levant sa tête et tendant en avant sa trompe. On peut aussi imiter la plante ou l'arbre en levant les bras en l'air et en se métamorphosant, par exemple en un peuplier bercé par le vent, ou se pencher en avant, les bras tombant comme le saule pleureur. Le jeu de la berceuse consiste à s'étendre sur le lit et à rapprocher les cuisses sur le ventre en les tenant doucement avec les mains. L'enfant fait alors un mouvement de va-et-vient lent sur les côtés, comme s'il était proprement bercé. Il peut après un certain temps s'arrêter et faire comme s'il dormait, immobile, les yeux clos. Ensuite, vous pouvez poser votre main sur son épaule aussi doucement qu'un oiseau se pose sur la branche, signal pour qu'il reprenne alors son bercement.

## *Les jeux de respiration*

Proposez à l'enfant, pendant une ou deux minutes, de prendre conscience de sa respiration. On peut lui poser des questions comme celles-ci : Par où l'air entre-t-il dans le corps ? le nez ou la bouche ? Par où sort-il ? L'air fait-il bouger une partie de ton corps ? le ventre ? la poitrine ? Vous pouvez auparavant le faire souffler sur les doigts de sa main, un par un, en les assimilant à des bougies. Invitez-le aussi à souffler sur ses mains et à sentir la différence de température selon les formes qu'il dessine avec ses lèvres. Faites-lui reconnaître divers éléments à partir de leur odeur, par exemple des œufs durs, une fleur, ou avec un support ludique tel que le loto des odeurs. Vous pouvez aussi jouer à communiquer comme des espions. Cela consiste à se parler uniquement en se chuchotant à l'oreille.

Toujours dans les jeux de respiration, le jeu du bol de lait chaud consiste à faire semblant de tenir un bol de lait au chocolat trop chaud entre les mains. On inspire de l'air profondément avec lenteur tout en levant les épaules. Ensuite on souffle doucement sur le bol imaginaire afin d'en refroidir le contenu. Tout en soufflant, l'enfant doit, sans forcer, creuser son ventre et abaisser ses épaules. On réitérera ce petit jeu trois ou quatre fois et, à la fin, on considérera que le lait est à la bonne température. On fera alors mine de boire le lait chocolaté dans une grande inspiration, tout en gonflant l'abdomen, puis on déposera doucement le bol en disant : « Hum, c'était délicieux ! » Enfin lui et son frère, sa sœur ou un autre enfant se mettront dos à dos et ils respireront au même rythme.

Citons aussi le jeu du papillon. On demande à l'enfant de s'asseoir en tailleur tout en gardant le dos bien droit et en posant les mains sur les genoux. Il pourra garder les yeux clos ou bien regarder juste devant lui ou au sol, sans fixer son regard sur rien de précis. Dans cette position, il respirera profondément à cinq reprises en comptant dans sa tête. On l'invitera à imaginer un papillon. Pour cela, il fermera les yeux. Il décrira la couleur de son papillon, la taille de ses ailes, la longueur de ses antennes. On lui dira d'une voix douce et lente :

> « Respire profondément. Pense à ce papillon. Ce papillon c'est toi et ses ailes sont tes jambes repliées. Si tu le vois bien en pensée, doucement, tu peux battre des ailes avec tes genoux que tu soulèves et rabaisses avec la paume de tes mains. Tu bats des ailes doucement en aidant tes genoux à se soulever et à se rabaisser avec tes mains. Ton papillon s'envole haut dans les airs. Ton papillon vole de plus en plus haut. Il est heureux et libre. Il s'envole au-dessus des toits des immeubles, au-dessus des forêts et des lacs, au-dessus des collines. Respire profondément l'air pur du ciel. Il s'envole toujours plus haut et dépasse les nuages jusqu'à ce qu'on ne le voie plus d'en bas…
>
> Ouvre les yeux. Maintenant parle-moi de ton papillon. »

Après ces divers jeux, on peut apprendre à son enfant, une fois allongé, à respirer par le ventre en gonflant l'abdomen et en soulevant le moins possible les épaules, ce qui précédera les exercices de décontraction musculaire destinés aux grands enfants et aux adolescents.

## *Les exercices de contraction et décontraction musculaire*

Débutons par le jeu du dur et du mou, qui est d'ailleurs un préalable aux techniques de relaxation des adultes. L'enfant sera allongé dans une pièce calme, les yeux mi-clos. Vous serez derrière lui et vous citerez progressivement, une à une, les parties de son corps en alternant les termes « dur » et « mou », des pieds vers la tête : les « pieds, durs » et ensuite « les pieds, mous ». Puis « les mollets, durs », « mous », « les cuisses, dures », « les cuisses, molles », etc. ; jusqu'au visage en passant par l'abdomen et les mains. La consigne « dur » indique que l'enfant va devoir contracter les muscles en question, par exemple les deux mollets. « Mou » ou « molle » vont signifier qu'il doit au contraire relâcher la contraction pour que les muscles se détendent. Et l'enfant fera cela tout en respirant suffisamment. C'est un exercice qui n'est pas si facile et qui demande de l'entraînement, notamment pour relâcher les contractions musculaires.

Une variante plus facile consiste toujours à énumérer les différents éléments du corps de haut en bas ou de bas en haut, mais en y associant une consigne particulière pour chacune des parties, à répéter deux ou trois fois. Pour les membres inférieurs, une fois debout, l'enfant va secouer alternativement une jambe puis l'autre, comme s'il voulait l'égoutter. Pour les pieds, il est debout, pieds nus, et vous lui demandez de faire comme s'il grattait le sol avec le bout de ses pieds. Pour les mains, il est debout, les yeux mi-clos. Il va alors imaginer qu'il serre une balle le plus fort possible, dans sa main droite, avant de la jeter par terre en laissant balancer le bras. Après avoir répété cela à trois reprises, il fera la même chose en utilisant cette fois sa main gauche. Pour ce qui concerne les bras, tout en étant debout, l'enfant va les tendre horizontalement devant lui. Ensuite, il les soulèvera par-dessus sa tête, en les gardant tendus. Il les étirera vers le haut comme s'il devait toucher le plafond, puis les laissera retomber, détendus. Pour ce qui est de l'abdomen, une fois qu'il est allongé sur le sol, invitez votre enfant, trois fois de suite, à contracter ses abdominaux le plus fort possible, mais seulement pendant quelques secondes, puis à relâcher la tension et à recommencer trois fois, mais cette fois-ci en position debout. Pour le visage par exemple, demandez à votre enfant de plisser la bouche, le nez et le front, comme s'il sentait une odeur très désagréable, puis de relâcher les muscles et ensuite de refaire cette séquence deux ou trois fois. Concernant les mâchoires, que l'enfant soit debout ou allongé, demandez-lui de les serrer très fortement, comme un chiot qui refuserait de lâcher son os. Puis de relâcher doucement pour finir la bouche ouverte, la mâchoire détendue.

On propose enfin à son enfant la marche consciente. Nous avons l'habitude de marcher de façon automatique sans penser à lever le pied, plier le genou, étendre la jambe, etc. Ici, la marche consciente consiste à penser à ces différentes étapes une par une, à en prendre conscience comme si l'on marchait pour la première fois. Votre enfant sera donc invité à marcher très lentement tout en pensant aux différentes étapes de la marche : je soulève lentement le pied, ensuite je pose le talon sur le sol, je sens le pied qui se déroule, le talon qui se lève, le poids qui repose sur les orteils, etc.

## *Les jeux de silence*

Enfin, d'autres jeux, qui ne sont pas d'étirement, de massage, de contraction ou de respiration, incitent au calme et font partie des exercices de relaxation : tel est le cas des jeux de silence. L'enfant est assis sur le sol, dès que vous claquez du doigt, il doit s'asseoir à un autre endroit sans faire aucun bruit. Et il y a le fameux « Roi du silence ». On y jouera si d'autres enfants sont présents pour participer. Nous y avons tous joué plus jeunes, mais je vous rappelle la règle si vous ne l'avez plus en mémoire. Les joueurs s'assoient tous en formant un cercle. L'enfant qui est désigné comme le roi est assis au centre sur une chaise. Il a les yeux bandés. Vous désignez alors du doigt, sans parler, un enfant qui doit s'emparer de l'objet sonore qui se trouve sous le trône du roi (sa chaise) et revenir à sa place sans être entendu par le roi. Si ce dernier entend le joueur, il le montre du doigt. S'il se trompe, le joueur peut continuer, mais s'il désigne le joueur, celui-ci retourne à sa place. Si le joueur arrive à rapporter l'objet à sa place sans se faire repérer par le roi, il devient le roi à son tour. D'une manière plus globale, il importe que votre enfant apprenne à ne pas craindre le silence. Et il est bon qu'à la maison il y ait des temps où l'on n'entende ni télévision, ni radio, ni musique, ni son d'ordinateur ou de Smartphone.

Les jeux et les exercices de relaxation sont un bon préalable pour initier son enfant à la méditation. L'apprentissage de la méditation est un long cheminement et une discipline qui est d'un apport majeur pour le développement de l'intelligence spirituelle. Mais un autre préalable à la méditation, qui à soi seul est bénéfique au développement de l'intelligence spirituelle, est une activité comme la pêche – hélas de moins en moins proposée aux enfants.

## La pêche

La pêche à la ligne est une activité propice à développer les outils de l'intelligence spirituelle. Par l'exposition à la nature, par la valorisation de la patience, elle réduit les sentiments de stress, améliore l'estime de soi, initie à la contemplation, reconnecte à la nature, favorise l'attention et la capacité d'être présent dans le moment.

Avec un enfant, s'il est très jeune, vous le laissez jouer à vos côtés tandis que vous pêchez (un second adulte le surveillera si vous êtes très concentré sur votre canne à pêche). S'il est en âge de pêcher (enfant à l'école primaire), on lui offrira une canne qui ne dépassera pas sa taille de plus de 10 centimètres. Vous ferez bien sûr le choix d'un spot facile d'accès et sécurisé en ayant en tête que le danger est surtout qu'il tombe à l'eau (donc il portera un gilet de sauvetage). Comme vêtements, un pantalon et un haut à manches longues sont conseillés, car il peut faire frais près de l'eau et il est nécessaire de se protéger des moustiques. De la crème solaire et une paire de lunettes de soleil en cas d'ensoleillement s'imposent. Parmi les divers appâts, les vers sont le choix idéal (mais si c'est amusant de jouer avec eux, on peut être gêné de les noyer) ; sinon, on prend un appât artificiel facile à utiliser. Pendant cette activité, on en profite pour observer la nature, les mouvements de l'eau, écouter les sons de la nature. Et l'on apprend la patience. Mais si l'enfant s'agite, on ne l'obligera pas à rester immobile. Enfin, les poissons pêchés pourront bien sûr être remis à l'eau.

La pêche est une activité de loisir, aisée à apprendre et peu onéreuse. Elle contribue à développer des aptitudes qui peuvent servir à tout âge. La pêche ne se résume pas à attraper du poisson.

Elle sort du quotidien. Elle amène une atmosphère de calme et de détente, un terrain d'entente et des expériences communes qui favorisent la communication spontanée et l'empathie réciproque. Elle développe aussi le domaine cognitif (intelligence rationnelle) avec des prises de décision et des résolutions de problèmes (exemples : conduites à tenir quand les lignes s'emmêlent, que les hameçons s'accrochent à quelque chose ou que les poissons ne mordent plus). Elle établit enfin et surtout une connexion puissante avec la nature.

Lors de cette activité avec un enfant, mettez du plaisir, félicitez-le, ne soyez pas obsédé par la capture de poissons, faites bien sûr preuve de patience, de détente et de souplesse avec l'enfant. Agissez de façon responsable en lui transmettant votre respect de l'environnement, de la propriété privée et des autres pêcheurs ; et en laissant l'endroit que vous avez trouvé plus propre encore qu'il n'était. Enseignez à l'enfant les règles en vigueur dans le lieu de pêche et veillez à les respecter. Remettez à l'eau les poissons que vous ne voulez pas garder et faites bon emploi de ceux que vous conservez. Demandez à l'enfant de vous aider à conserver la prise jusqu'au moment de la manger. Enfin, retenez que chaque enfant est unique et accueillez avec tolérance la façon singulière dont chacun réagit à l'expérience de la pêche.

Notons que la religion, notamment chrétienne, utilise les métaphores sur la pêche. Citons l'histoire du pêcheur Simon découragé de rentrer la barque vide depuis plusieurs jours ce qui l'empêche de nourrir sa famille, et qui pourtant lave ses filets pour y retourner plus tard. Jésus monte alors dans sa barque et l'invite à aller plus au large. Simon doute : « Maître, nous avons peiné toute une nuit sans rien prendre… » mais finalement se sent encouragé à agir et capture une « grande multitude de poissons », à tel point que la barque s'enfonce. Devant un tel prodige, Simon tombe aux pieds de Jésus : « Éloigne-toi de moi, Seigneur, car je suis un homme pécheur. » Jésus le rassure : « Sois sans crainte, désormais ce sont des hommes que tu prendras » (Luc, 5, 1-11). Une fois à terre, Simon suivit Jésus. Et, plus tard, ce dernier le baptisera Pierre.

# 6.

# Enseigner la méditation et la prière

## L'initiation à la méditation de pleine conscience

La méditation de pleine conscience est aujourd'hui bien connue en tant que méthode thérapeutique d'un certain nombre de troubles psychologiques. Mais on oublie parfois que cette pratique n'a pas seulement une visée de soin. La méditation est, à l'origine, à visée spirituelle. Que ce soit dans l'Inde il y a près de trois mille ans, chez les philosophes grecs au v^e^ siècle avant J.-C., chez les bouddhistes du Tibet, chez les soufis en terres musulmanes ou dans le Moyen Âge de l'Occident chrétien, la méditation est alors la voie royale vers la spiritualité.

La méditation n'est pas réservée aux adultes. Elle est utile pour aider l'enfant à calmer ses agitations émotionnelles, son impulsivité, à améliorer sa tolérance aux frustrations, à renforcer son attention, sa concentration, à se rasséréner, à s'accorder une pause mentale et physique. Par exemple, parmi les enfants hyperactifs ayant un déficit attentionnel, on a montré que, chez ceux qui recevaient des médicaments spécifiques de l'hyperactivité, la méditation permettait de diminuer les doses pour une réponse inchangée[29]. En clair, la méditation atténue les symptômes du trouble du déficit de l'attention avec ou sans hyperactivité (TDHA).

La méditation apprend à l'enfant à être dans le présent, dans le moment même, sans devoir anticiper en permanence ou être parasité par des préoccupations diverses passées ou à venir. Elle l'aide à se percevoir entier et autonome, tout en étant en connexion avec son environnement. Par ailleurs, en ce qui concerne son intelligence spirituelle, cela lui permet d'explorer mentalement des thématiques qui le dépassent telles que l'infiniment grand, sans appréhension excessive. Par la méditation, il apprend à voir au-delà de lui-même tout en renforçant son sentiment d'unité. Il perçoit l'univers autour de lui et se perçoit lui-même comme un univers.

Les exercices de méditation ne sont pas destinés à tous les enfants. Chez certains, qui ont un terrain fragile et des troubles psychologiques ou psychiatriques, ces exercices peuvent induire un état d'anxiété, voire un épisode de dissociation, c'est-à-dire une perte de contact avec la réalité. En cas de doute, on demandera l'avis d'un médecin spécialiste.

---

29. Stéphane Clerget, *Soigner les enfants hyperactifs sans médicaments*, Le livre de Poche, 2020.

Pour enseigner à votre enfant à méditer, le meilleur préalable est d'**apprendre soi-même à méditer** et de poursuivre sa formation tout en lui faisant faire des exercices préparatoires.

On peut définir des temps et des espaces précis pour stimuler la spiritualité infantile et juvénile par des exercices de méditation. Mais on peut aussi dans le quotidien, en les inscrivant dans le rythme ordinaire des journées, vivre des expériences courtes d'intériorisation.

## *Exercices préparatoires à la méditation*

La première étape consiste à faire **prendre conscience de sa respiration**. Sans y penser vraiment, on respire tout le temps. Notre souffle peut donc servir de point d'ancrage pour fixer notre esprit, que les pensées distraient.

Au début, l'enfant va inspirer puis expirer en pensant uniquement à cela. Ce n'est pas si facile, vous verrez ! Cela le sera davantage s'il pose sa main, tout en respirant, sur sa poitrine ou son ventre afin de ressentir leur montée ou leur descente. Vous serez dans le même temps à ses côtés, assis(e) ou allongé(e) comme lui, en respirant afin qu'il vous imite. Les jeux autour du souffle décrits plus haut seront de bons préliminaires.

On lui apprendra aussi à **se laisser aller**. On imagine que cela sera facile tant on a l'impression que l'enfant se laisse facilement aller quand il joue, laisse traîner ses vêtements, ne répond pas quand on l'appelle ou se vautre sur le divan. Mais c'est un leurre. Car en fait l'enfant, dans toutes ces situations, se sent actif. S'il délaisse une obligation comme celle de ranger ses affaires, c'est parce qu'il a un autre objectif comme celui de jouer ou qu'il est pris par des pensées de toutes sortes. Sans être obligatoirement hyperactif, l'enfant est très souvent en activité physique ou cérébrale. C'est pourquoi il ne dort que s'il est vraiment fatigué et a souvent tendance à résister au sommeil. Lui apprendre à lâcher prise ne sera donc pas chose aisée.

Avec le petit enfant, quand la conscience de sa respiration sera bien acquise, on peut l'inviter à respirer tout en fermant les yeux, sans lui demander de s'endormir. Cela n'ira pas toujours de soi et il faudra le proposer à plusieurs reprises, sans jamais le forcer.

On pourra l'initier à visualiser. Pour cela, on propose à l'enfant, allongé les yeux clos, de visualiser les parties de son corps en contact avec le sol. On peut l'aider en les dénommant : l'arrière de la tête, le haut du dos, les fessiers, les cuisses… Ensuite, on lui propose de penser que toutes ces parties sont lourdes et reposent sur le sol, profitant de l'appui du sol. Puis on l'invite à visualiser toutes les parties du corps qui sont en contact avec l'air, c'est-à-dire les parties ventrales s'il est sur le dos et qui sont à découvert, comme les mains et le visage. On lui dit que toutes ces parties du corps peuvent profiter du souffle de l'air. Dans les deux cas, on peut soit garder le silence, soit écouter une musique très douce.

**À partir de 7 ans,** on fait d'autres jeux :

- *Le jeu de l'écoute :* on ferme les yeux pendant une minute, puis on cite trois sons qu'on a entendus.
- *Écouter une musique.* Un autre jeu qui met l'écoute au cœur du moment de partage adulte-enfant : écouter une musique et deviner les instruments qui jouent.
- *Sentir.* Cette fois, on se concentre sur un autre sens : l'odorat. Ce jeu demande un peu de préparation. On fait sentir des odeurs à l'enfant pour qu'il les reconnaisse les yeux clos.

Ce peut être une goutte d'huile essentielle sur un coton, des plantes, des épices.

- *Goûter ou toucher.* On peut faire la même chose en faisant goûter un aliment en aveugle. Ou en faisant toucher quelque chose. Tous ces jeux reposent sur le même principe : en privilégiant un sens, et en enlevant le sens de la vue qui mobilise le plus notre esprit rationnel, on aide l'enfant à se mettre dans un état de concentration propice à d'autres formes d'intelligence.
- *Se raconter la journée.* Le parent peut commencer à raconter le premier événement de sa journée, puis il invite l'enfant à faire de même, ensuite le parent reprend le récit de sa journée, etc. On peut ensuite se raconter ce qu'on prévoit de faire le lendemain. Ou se raconter ce qu'on rêverait de faire si on ne devait pas aller à l'école.

Un autre type d'exercice préparatoire à la méditation consistera à regarder quelque chose, un objet par exemple, qui se trouve dans la pièce, sur le sol ou bien au plafond si l'enfant est allongé. La **détente du regard** lui sera enseignée. Il devra ensuite essayer de voir sur les côtés avec ses yeux, d'utiliser la vision périphérique, tout en regardant devant lui le premier objet fixé. Incitez-le dans un second temps à imaginer un paysage ou simplement le ciel. Pour ce genre d'exercices, l'enfant sera assis, mais au début il aura peut-être du mal à rester immobile. Ne le forcez pas. Soyez patient(e). Cela doit garder un caractère agréable, voire ludique. Répétez l'exercice sur la durée. Peu à peu, un équilibre s'établira. Mettez si besoin des coussins autour de lui, sous ses pieds ou son corps, afin de le sécuriser.

L'objectif de ces exercices préparatoires est d'offrir la possibilité à votre enfant de ne plus se sentir obligé de réagir à chaque stimulus ou à chacune des pensées qui traversent son esprit.

Ils l'aideront, et la méditation proprement dite encore plus évidemment, à moins dépenser d'énergie psychique ou physique (en s'agitant par exemple) dans le but de résister à des pensées gênantes et à des émotions qui pourraient assaillir son esprit. L'objectif est aussi qu'il puisse accueillir mentalement des pensées, des envies, des idées, sans y céder obligatoirement et sans agir en conséquence sous le mode de l'impulsion. Ce qui en pratique lui donnera une plus grande maîtrise de lui-même.

## *Exercices de prise de conscience de son monde intérieur*

Pour initier les plus jeunes enfants à la méditation, on débutera par des séances d'observation. Ensuite, on fera des exercices de prise de conscience de leur intériorité. L'objectif étant qu'ils se sentent présents vis-à-vis d'eux-mêmes et non plus seulement attachés émotionnellement ou sensoriellement à ce qui les entoure. Pour ce faire, voici comment vous pourriez procéder :

- **Regardez ensemble les nuages** dans le ciel en vous mettant à la fenêtre de chez vous ou en allant dehors. Appréciez à quelle hauteur ils se situent dans le ciel, leur forme, leur teinte, leur volume, leur consistance (denses ou légers comme du coton), leur mouvement au gré des vents. L'enfant sera invité à imaginer à quoi la forme de ces nuages lui fait penser.
- Vous lui direz que les pensées peuvent passer tout comme les nuages et qu'on peut les observer sans chercher à les retenir.

De même, vous comparerez les mouvements d'air de la respiration qui accompagnent le mouvement des pensées aux vents qui meuvent ces nuages. Les pensées nous dupent parfois. Elles ne sont pas toujours véridiques ou tangibles et l'on ne doit pas les croire, tout comme ce nuage qui, malgré sa forme apparente, n'est pas un monstre par exemple.

Pour aider son enfant à prendre conscience de lui-même, on lui posera trois simples questions alors qu'il est en action. Ultérieurement, il pourra se les poser lui-même et y répondre. Voici ces **trois questions** :

- Que suis-je en train de faire en ce moment ?
- Suis-je concentré en ce moment ou est-ce que je pense à autre chose que ce que je fais ?
- Comment je me sens en ce moment : Calme ? Inquiet ? Énervé ? Joyeux ? Triste ?

Toujours pour apprendre à être conscient de son entité corporelle, mais aussi pour éveiller ses autres sens que celui de la vue, on lui proposera des jeux simples comme **colin-maillard, ou le jeu du guide**. Le second, pour ceux qui l'ont oublié, consiste à installer un parcours d'obstacles que l'enfant, les yeux bandés, devra traverser. On le guide en lui tenant la main et en lui parlant, puis on le tient uniquement par la main, et enfin on lui lâche la main et on le guide par des instructions orales uniquement. Pour mémoire, dans le jeu de colin-maillard, un joueur a les yeux bandés. Il est nommé « le chasseur ». Les autres joueurs, nommés « les chassés », circulent autour de lui (sans trop s'éloigner si la pièce est très vaste) et ne doivent pas être touchés par le chasseur. Si ce dernier parvient à toucher un des chassés, celui-ci ou celle-ci se met à l'arrêt.

Le chasseur doit alors essayer de reconnaître l'identité du chassé en lui touchant le visage. S'il réussit à reconnaître la personne au toucher, alors celle-ci devient chasseur à son tour et le chasseur devient chassé. Attention, dans la mesure où le chasseur a les yeux bandés, on éliminera tous les obstacles dans l'espace de jeu pour prévenir tout accident.

Une autre activité pour mieux appréhender sa conscience de soi-même et ses divers ressentis consiste à faire des **exercices autour du goût**, présentés bien entendu comme des jeux. On lui donnera à goûter un aliment ou une boisson tandis qu'il aura les yeux bandés et il devra deviner de quel aliment il s'agit. S'il n'arrive pas à donner le nom, il pourra dire au moins si l'aliment est sucré, salé ou amer, si c'est dur ou mou, chaud ou froid, et qualifier son odeur. Autre jeu, au cours d'un repas on s'amusera à mâcher un aliment de façon très lente tout en essayant de décrire ce que l'on ressent, par exemple : « C'est salé et du liquide sort quand je le mâche. » De même, il boira un verre d'eau ou de jus de fruits très lentement et pensera au liquide quand il passe de sa bouche au pharynx, puis à l'œsophage, et enfin à l'estomac.

Toujours dans le cadre des jeux préparatoires à la méditation, on fera des **exercices de relaxation** via les pratiques de décontraction musculaire citées plus haut.

Un autre jeu pour apprendre à lire ses ressentis, sensations et émotions, et ainsi mieux connaître son intériorité, est celui de la **photographie intérieure**. Pour ce faire, on dispose sur une table des photos qui représentent divers objets ou bien des paysages, et l'on demande à l'enfant de choisir celle qui représente le mieux ce qu'il ressent sur le moment. Par exemple un cheval qui galope, un ciel d'été, un drapeau de pirate, une limace, un lac, un oiseau de paradis, une décharge publique, un feu d'artifice. Ce jeu va l'aider à être attentif à son état émotionnel du moment, à le percevoir et à le définir. Ensuite, on pourra jouer à la météo intérieure en lui demandant, alors qu'il est installé dans un endroit calme ou en train de s'agiter, de décrire le temps émotionnel qu'il fait à l'intérieur de lui. Fait-il beau ? Le ciel est-il nuageux ? Le temps est-il à l'orage ? Quelle est la nature du vent : douce, absente, violente ? Y a-t-il une tempête ? De la pluie ? De la brume ? Le tonnerre ?

Après la prise de conscience et la description de ses divers ressentis sensoriels (la vue, le goût, le toucher) et émotionnels (la météo de ses humeurs), on va l'inviter à **se concentrer sur ses pensées**. On peut comparer le cerveau à une boule qui contient de la neige artificielle et qu'on secoue. Comme celle-ci, les pensées vont dans toutes les directions et s'entrechoquent. La méditation aide à ne pas se laisser agiter par ces pensées. Elles s'agitent, mais quand on médite, cela ne provoque pas d'émois, ni de paroles, ni surtout de comportements plus ou moins impulsifs. Elles s'agitent, puis cessent de tourbillonner dans le cerveau, pour finir par disparaître lentement, sans avoir d'effets sur les conduites de l'enfant, sa motricité et sur ses émotions. Quand on médite, les pensées ne cessent pas. D'ailleurs, il suffit de donner comme consigne d'arrêter de penser à quelqu'un pour que ses pensées deviennent plus intenses. En méditation, les pensées sont très présentes, mais elles ne sont considérées que comme des pensées neutres et isolées. Ainsi, celles d'autodénigrement, par exemple « je suis nulle », « je n'y arriverai jamais », sont toujours perçues, mais elles finissent par n'influer ni sur le ressenti de l'enfant ni sur son comportement. L'enfant apprend à prendre ses distances par rapport à ses pensées et ainsi à ne pas en être le jouet. Au début, on peut accompagner son enfant en lui donnant quelques trucs tels que ceux-ci :

- Faire stop avec la main chaque fois qu'il s'avise d'une pensée négative qui le rabaisse.
- Associer un air de musique qu'il connaît bien à ce type de pensées négatives gênantes, afin de se les répéter en les chantonnant sur l'air de la chanson. Ainsi, ces pensées parasites sont dédramatisées et moins prises en considération.
- Imaginer un personnage à l'origine de ces pensées négatives. Tiens, c'est encore le « râleur » qui me fait penser ça !
- Pour les grands enfants, proposez-leur de mettre par écrit les pensées négatives qui ne doivent pas être écoutées et qu'ils ont eues dans l'après-midi par exemple.

Toujours pour lui apprendre à se centrer sur lui-même, on peut aussi lui proposer d'imaginer qu'il est un **arbre qui pousse**. Debout, les yeux fermés ou mi-clos, il pense à ses pieds qui s'enfoncent progressivement dans le sol comme s'il s'agissait de racines. Il se sent alors de plus en plus stable sur ses pieds (ne soyez pas surpris s'il plie les genoux). Ensuite, il lèvera ses bras au-dessus de lui, lentement, et s'étirera doucement comme si ses bras étaient les branches de l'arbre qui poussent en direction du ciel.

## *Premiers exercices de méditation*

**Pour les grands enfants**, après ces jeux préparatoires on pourra commencer des exercices de méditation à proprement parler.

Mais avant d'être apte à méditer sans objet, votre enfant va apprendre à **méditer avec un objet**. On lui demande de fixer son attention sur une partie de son corps, par exemple la main droite. Pendant une à deux minutes, il va noter tous les ressentis physiques qu'il percevra, tels qu'une démangeaison, des sensations thermiques (chaud, froid), une contraction musculaire. On lui dit de ne pas réagir et de se contenter d'observer mentalement. Si des pensées ou des émotions apparaissent en lien ou non avec ces ressentis, il ne les retient pas. Il les laisse circuler dans son esprit tout en restant concentré sur ses sensations physiques. Qu'il fasse comme si cette main n'était pas la sienne et que ces ressentis sur cette main ne le touchent donc pas directement, comme s'il s'agissait de la main de quelqu'un d'autre. Lors d'un autre exercice, il choisira une autre partie de son corps. Cet exercice est un préalable pour que votre enfant ne réagisse pas systématiquement à des ressentis physiques, mais aussi mentaux. L'objectif est qu'il arrive à prendre du recul, à se détacher des ressentis pour ne pas être leur marionnette. L'objet n'est pas seulement une partie du corps. Il peut être extérieur. Alors qu'il est installé confortablement dans sa chambre par exemple, avec une lumière tamisée, son regard va choisir un tableau ou un portemanteau. Il va alors l'observer comme si c'était la première fois qu'il le voyait. Il va être attentif à son volume, sa forme, ses couleurs, sa matière, bref à son apparence, puis aux pensées, aux souvenirs, aux émotions que cet objet réveille en lui à cet instant précis.

Un deuxième type d'exercice essentiel pour apprendre à méditer et à développer son intelligence spirituelle consiste à **écouter le silence**. Nous sommes de moins en moins en situation de silence absolu. Les enfants recherchent de plus en plus souvent des stimulations sonores en sus des stimulations visuelles. Une fois trouvé un lieu silencieux, votre enfant assis ou allongé sera attentif à ce qu'il ressent en écoutant la voix du silence. Est-ce apaisant ou au contraire ressent-il un malaise ? Des pensées, des émotions, des sensations particulières surviennent-elles ?

Un autre exercice pour les plus grands consiste à **donner vie à une image**. On lui montre une image qu'il observera attentivement. Il va bien regarder chaque détail. Puis il va fermer les paupières et va penser à l'image. Dans un second temps, il va imaginer que l'image s'anime. Par exemple, s'il y a un personnage dans cette image, il peut songer que ce personnage se déplace en courant. Ou encore que les feuillages de l'arbre s'agitent ou que le voilier se déplace sous l'effet du vent. Ensuite, il pourra se projeter lui-même en imagination dans le paysage, dans l'image animée. Puis, les yeux fermés, il se figurera qu'il sort de l'image sur un côté et, plus malaisé, il s'imaginera lui-même sorti de l'image en train d'observer cette image.

Dans l'exercice suivant, votre enfant va s'entraîner à **s'amarrer à une partie de lui-même**. Toujours confortablement assis dans un lieu isolé, par exemple dans sa chambre, les paupières closes, il va prendre conscience d'une partie de lui-même, par exemple de son nombril ou de son menton. Une fois amarré à cette partie, il va être attentif aux différents ressentis et aux représentations mentales qui vont défiler dans sa tête.

Le point clé de la méditation est d'être attentif à ce qui traverse l'esprit, sans s'arrêter sur des pensées, des idées, des concepts, mais de les observer hors de tout jugement de valeur et de raisonnement. Méditer, ce n'est donc pas penser et encore moins analyser ses pensées. On devient un **simple observateur de ses pensées**. Mais un observateur le plus neutre possible. L'objectif est de parvenir à s'installer dans le moment présent. Quand nous sommes dépourvus des repères temporels nés des pensées du passé ou du futur, le temps apparaît suspendu et élastique. Lors d'une méditation, l'éternité tient dans l'instant. Si la conscience était l'univers et si les pensées, perceptions ou émotions étaient différents astres, méditer reviendrait à se placer dans l'espace intersidéral et donc dans l'intemporel. On pourra dire à son enfant de regarder passer ses pensées comme si c'étaient des planètes ou des étoiles filantes. Cela prendra du temps, bien sûr, pour qu'il y parvienne.

## *Premières séances de méditation de pleine conscience*

Le voilà enfin prêt pour méditer en pleine conscience. Il commencera grâce au thérapeute par des séances courtes de moins d'une minute pour progressivement augmenter peu à peu en durée si besoin.

La fréquence des séances de méditation est variable. Elle sera hebdomadaire, quotidienne ou entre les deux. La durée pour les enfants sera de quelques minutes. La position habituelle est la position assise. Mais à chaque enfant de trouver la position qui s'avère la plus propice, à la condition que la respiration puisse être la plus libre possible. Elle agit en effet comme un métronome qui aide à entrer en méditation.

Au début de la méditation, votre enfant perçoit son esprit traversé par une légion de ressentis. Il ne devra ni les rejeter, ni les nier, ni les maintenir s'ils sont agréables. Il devra se contenter de les observer, les contempler. Il va contempler son paysage intérieur comme il aura appris auparavant à contempler un paysage naturel et chacun de ses détails (étang, couleur des feuillages des arbres, nuages dans le ciel, bruits d'oiseaux, odeurs après un orage). Quand on médite, on ne coupe pas le contact. Au contraire ! Votre enfant peut dans le quotidien manquer d'attention à ce qui se présente à lui extérieurement : images que ses yeux ne captent pas, odeurs encombrées par les remugles urbains, saveurs des aliments masquées par des goûts chimiques. Mais aussi intérieurement : pensées, émotions, sentiments parasités ou embouteillés. En plus d'un éventuel manque d'attention, celle qui lui reste est volontiers saturée par des stimulations externes excessives qui génèrent des émois dérégulés et des pensées obsessives. Or méditer, c'est entrer en soi. Se mettre à l'abri pour prêter attention à ce qui traverse son esprit. Votre grand enfant ou votre adolescent, alors qu'il médite, sera attentif au ressenti de tensions physiques dont il n'a pas conscience habituellement, occupé alors à d'autres sensations plus fortes ou à des actions à mener. La méditation lui permet d'être attentif à des ressentis afin qu'ils soient reconnus et validés par sa conscience. Ainsi, ce ressenti, en l'occurrence cette tension, n'aura pas besoin d'augmenter d'intensité pour se faire entendre, ce qui aurait engendré par exemple des troubles du comportement ou de l'attention.

Il va regarder à l'intérieur de lui et il observera ses différentes pensées comme si elles étaient extérieures à lui, sans les chasser, sans leur faire obstacle, sans se fixer dessus, ni les juger, ni raisonner, ni faire de projets, ni les cultiver. Il les laissera une à une circuler librement sans les arrêter. Si ce sont des émotions, il fera de même. Attention ! Qu'il ne disparaisse pas dans ses pensées, qui deviendraient alors des rêveries. Il reste en dehors d'elles. Méditer, ce n'est ni rêver ni être dans la lune. On reste conscient.

On est dans l'espace intersidéral à observer les étoiles ou les planètes, mais sans dormir. L'attention ne se fixe sur aucune des représentations mentales. On les observe avec curiosité. Avec plus d'expérience, votre enfant pourra repérer un temps entre deux pensées. Cet espace intersidéral, quand il est perçu, est le signal qu'on arrive pleinement à méditer. Repérer et réussir à prolonger ce moment, c'est méditer en pleine conscience. C'est alors un endroit refuge de l'observateur détaché qu'il deviendra, à l'abri de toutes les pensées ou impressions susceptibles de le toucher ou de le faire agir malgré lui.

Ce travail sur lui-même de votre enfant vise à une certaine perméabilité. Cela lui permet de se désencombrer de ce qui fait l'ordinaire parasitaire de sa vie. Rentrer en lui va lui permettre justement de retrouver un rapport juste au monde extérieur et de lui en donner une perception qui va amener cette extériorité à résonner en lui d'une manière particulière, et donc lui permettre d'intégrer l'« ici » dans cet horizon plus vaste qui le dépasse, qui nous dépasse, mais dans lequel on vit bel et bien.

La méditation n'est pas prière. La méditation permet d'écouter sa puissance interne. La prière permet de s'adresser à une puissance supérieure, qui peut être en soi.

## L'apprentissage de la prière

### *Ses bienfaits*

La prière fait partie de la plupart des religions, sinon de toutes. Elle est la recherche d'une relation avec son ou ses dieux. La prière est un acte de foi, puisque la foi s'exerce dans la prière. Quand je demande aux ados ce que la prière leur apporte, ils me répondent : rencontre, croyance, espoir et amour. J'entends aussi des réponses très diverses, mais qui témoignent d'un bien-être ressenti : paix intérieure, sensation physique de chaleur, détente, force de vie, confiance en soi, réconfort, prise de distance par rapport aux problèmes, autre regard sur les soucis, se recentrer sur l'essentiel, voir plus clair en soi, protection contre de mauvaises tentations, mieux aimer l'autre, faire mon devoir, remplacer mon agitation par une action, rencontrer Dieu, être en cœur à cœur avec lui, se sentir aimé, se fondre en lui, recevoir des grâces, se purifier, ne plus être seul, tenir compagnie au Seigneur, se soulager, être écouté, passer du temps avec Dieu, avoir une relation personnelle avec Dieu, l'écouter, lui parler, déposer mon cœur en lui.

Des chercheurs[30] ont enregistré l'imagerie cérébrale de croyants en prière et ont pu mettre en évidence que le circuit de la récompense du cerveau localisé dans le noyau accumbens est activé à l'occasion de sentiments spirituels. Il y a donc un ressenti de plaisir lors des prières. D'autres structures cérébrales du cerveau sont activées : le cortex préfrontal et le cortex frontal impliqués dans le jugement, le raisonnement moral et l'attention. La prière engage aussi le corps. En effet, physiquement, on observe une accélération des battements du cœur et une respiration plus profonde.

30. Michael A. Ferguson *et al.*, « Reward, salience, and attentional networks are activated by religious experience in devout Mormons », *Social Neuroscience*, vol. 13, n° 1, 2018. DOI : 10.1080/17470919.2016.1257437

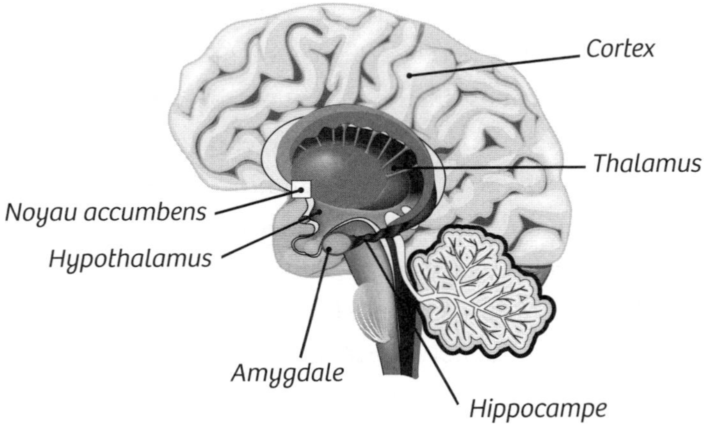


**Le circuit de la récompense activé dans le cerveau pendant la prière**

La prière engage la dimension spirituelle et affective de son intelligence. C'est une plongée intérieure, un retour sur soi-même à sa propre source, une errance intérieure. L'intelligence spirituelle apparaît ressourcée et stimulée par la prière. On prie pour remercier, exprimer sa gratitude et ainsi s'émerveiller d'être là, pour donner du temps à son ou ses dieux et les remettre au centre de son existence. On prie pour louer son Dieu, lui rendre hommage et ainsi se décentrer de son ego.

*On prie pour s'abandonner complètement à son Dieu, comme cette adolescente Violette, 15 ans, qui me confiait en période d'épidémie : « Je suis tout le temps sur mes gardes à cause du coronavirus quand je communique avec qui que ce soit ou simplement quand je marche dans la rue le visage masqué. Quand je prie, je me démasque, je suis moi-même, je n'ai plus peur, je m'abandonne. »*

Bien sûr on prie souvent, et notamment les enfants, pour demander, comme chez les chrétiens : « Demandez et vous recevrez » (Matthieu, 7, 7). Les jeunes enfants voient de la magie en Dieu qui exauce tous leurs souhaits. Les ados et les adultes font aussi des prières de demande. On fait des prières de guérison, de protection, pour le travail, pour trouver l'amour. Si l'on ne croit pas que la prière de demande change les choses extérieures, en revanche on peut penser qu'elle transforme la personne qui prie, et c'est en cela qu'elle serait féconde. Avec l'âge, le croyant comprend que la prière n'est pas un moyen d'obtenir que Dieu accomplisse notre volonté sur la terre, mais plutôt un moyen d'obtenir l'accomplissement de la volonté divine. Il prend conscience que la prière l'aide à discerner cette dernière. Auparavant, la demande permet à l'enfant de faire face à ses attentes, à ses priorités, à ses besoins essentiels ou non, et la prière lui donne une force d'espérance. La prière permettrait de modifier profondément l'individu, et d'offrir une paix et une confiance en soi, une joie, un regard différent sur soi et sur l'autre, une nouvelle lecture de ses difficultés, un recul sur sa vie et un regard autre sur le monde. Elle aiderait à se désenchaîner de la surface des choses pour gagner leur essence. Prier, c'est se mettre entre parenthèses, se mettre à part. C'est un temps de silence habité. Un changement de dynamique qui permet d'accéder à son intériorité et à son intimité spirituelle, base de l'intelligence spirituelle. Par la prière, on peut partager en son for intérieur le mystère même de la création et chercher en soi le moyen d'accoster le divin. C'est aussi se dégager du soi pour aller vers quelque chose ou quelqu'un d'immense. C'est se mettre à disposition de son Dieu en lui ouvrant la porte de chez soi, mais aussi se trouver soi-même à travers Lui (ou Elle).

## *Comment apprendre à prier ?*

C'est en priant que l'enfant apprend à prier. La prière pour le croyant est, comme la respiration, un acte plus difficile à interrompre qu'à faire. On trouve le bon endroit, qui peut être un lieu de culte ou un lieu de prière. On peut aménager chez soi un coin prière, souvent un peu en retrait, mais on peut aussi faire le choix d'un coin de nature. On prend un peu son temps, car c'est du temps qui ne sera pas perdu. On se rapproche de son ou de ses dieux en l'invoquant. On prend appui sur les textes religieux et des prières déjà écrites. On remercie pour les grâces reçues, les rencontres et les découvertes. On se confie, on s'offre, on loue son Dieu, on demande pardon ou bien de la force. Quel qu'en soit le contenu, on fait sa prière avec sincérité, on dit vrai, on est honnête avec soi-même. On peut aussi faire silence, on prête l'oreille ou on écoute mentalement. Pour finir, on salue, on dit au revoir. La prière peut être personnelle, en tête à tête avec son Dieu dans le silence de son cœur. On est alors maître du temps que l'on prend et que l'on offre. Certains sont parfois dans l'adoration. La prière collective ou en communauté accorde le partage, l'union et le sentiment de ne faire qu'un à plusieurs, comme saint Paul le rappelle : « Le corps ne fait qu'un, il a pourtant plusieurs membres ; et tous les membres, malgré leur nombre, ne forment qu'un seul corps » (1 Corinthiens, 12, 12). On souligne alors que sans les autres, sans leur amour, on n'est rien.

Ce rapport au monde et aux autres au quotidien rend indispensable l'acquisition d'une morale individuelle.

# 7.

# Faire la morale !

Pour donner un enseignement moral à son enfant, un parent se sert avant tout de l'exemple de sa propre moralité. Celle-ci apparaît dans nos comportements, nos paroles, mais aussi nos pensées  captées par nos propres enfants. Il existe d'autres supports comme les histoires que l'on raconte, les contes que l'on lit, les documentaires ou les films que l'on regarde. On explique, on argumente, on démontre, on justifie, on dit ses ressentis et ses opinions et on moralise. On moralise, c'est-à-dire que l'on fait des réflexions morales, on défini les valeurs et on essaie de les hiérarchiser, on fait des études de cas, voire avec les plus âgés des analyses de dilemmes moraux, à partir de textes ou d'exemples du quotidien. On organise éventuellement des débats afin que puissent se développer un véritable raisonnement moral, des sélections des valeurs, de la conceptualisation, de la généralisation, de la systématisation, et des réflexions avec comme objectif la recherche du bien individuel et du bien commun.

## Dans le quotidien

L'enseignement moral, on en fait avec ses enfants tous les jours sans s'en rendre toujours compte, alors autant le faire en pleine conscience. Il ne s'agit pas seulement des règles et des lois telles que les règlements ou les codes les énoncent. Encore qu'il soit fondamental de s'appuyer dessus quand on apprend à l'enfant que des choses sont interdites, non pas parce que nous parents le décidons, mais parce qu'il y a des lois au-dessus de nous, que tout le monde doit respecter, y compris les parents. Ce ne sont pas uniquement les règles et les tabous religieux, encore que pour les familles croyantes il est important que l'enfant comprenne que ses parents ne sont pas des dieux et qu'il y a un dieu au-dessus des croyants, et donc de l'enfant comme de ses parents. Mais l'enseignement se tire aussi (et sans doute surtout) de ce qui au quotidien et dans la vie est à mettre du côté du bien ou du côté du mal. C'est la hiérarchisation des diverses conduites, pensées, ressentis selon une échelle de valeurs du plus négatif au meilleur. C'est enfin la transmission de ses valeurs, valeurs morales mais aussi familiales, sociales, esthétiques, humaines ; la transmission de ce qui est beau, bien, vertueux, vrai et juste pour soi. L'enfant apprendra ainsi et distinguera les lois civiles, les règles (à l'école ou au club de sport), les règles religieuses, les coutumes et la politesse, mais au-delà de cela votre propre rapport à ces préceptes ainsi que les valeurs sur les rails desquelles vous guidez votre conduite dans la durée et qui constituent votre morale. À lui alors, fort de ces transmissions, de définir ses propres valeurs, sa propre morale.

# À l'aide de contes

Indépendamment de l'infusion de votre morale au fil de votre éducation quotidienne, vous pouvez lui raconter des contes moraux. Ce sont des histoires imaginaires qui enseignent une morale. Parmi les plus connus, citons les *Contes de ma mère l'Oye* de Charles Perrault. Leur conclusion se présente comme une vérité commune, un exemple à suivre, un modèle à retenir. Ces contes mettent en avant une ou plusieurs notions de bien et de mal ainsi qu'une réflexion morale. Celle-ci est aussi possiblement une véritable réflexion spirituelle qui guide, apaise ou élève.

Dans toutes les principales religions, une morale est enseignée. Dans l'éducation chrétienne par exemple, la morale s'enseignait et s'enseigne encore notamment par l'intermédiaire des paraboles. En voici une, celle de la brebis perdue, qui peut se raconter ainsi :

> Un berger s'occupe bien de ses moutons. Il les sort, les emmène dans les pâturages pour qu'ils puissent se nourrir. Il leur donne à boire. Le soir, il les conduit en sa bergerie et ferme bien la porte pour éviter que les chiens errants ou les loups ne les mangent. Un soir, le berger fait rentrer ses moutons et les compte… 1, 2, 3… 99. Il manque une brebis. *Où est-elle partie ? Pourquoi n'est-elle pas rentrée ?* Le berger ferme la porte. *Que faire ? Il fait nuit. j'ai travaillé toute la journée. Mais un mouton c'est important.* Il est perdu seul dans la nuit. Alors, le berger décide de s'en retourner. Il prend sa canne et son manteau, et repart sur les chemins. Il cherche, appelle le mouton. S'arrête, écoute et repart dans les pâturages et les collines. Il marche encore et encore, sans s'occuper de savoir s'il a faim ou soif. Soudain, il entend un bêlement : *Mais oui c'est lui !* Il court, cherche, et dans un trou voit sa brebis.

« Je l'ai retrouvée », s'écrie-t-il ! Il la hisse et la prend dans ses bras : « Ma brebis ! » Il la met sur ses épaules et rentre chez lui à grandes enjambées. Il ne sent ni la fatigue, ni le froid, ni la faim, tant sa joie est grande. Pendant ce temps, les autres moutons attendent endormis et sereins. Une fois chez lui, il invite ses voisins à fêter ses retrouvailles : « Réjouissez-vous avec moi, car j'ai retrouvé ma brebis qui était perdue ! »

Le texte biblique dit : « Il y aura plus de joie dans le ciel pour un seul pécheur qui se repent, que pour quatre-vingt-dix-neuf justes qui n'ont pas besoin de repentance » (Luc, 15, 7). Nous pouvons tous nous égarer, physiquement ou moralement : on peut oublier ses règles morales par exemple, mais on peut compter sur ses guides pour retrouver son chemin. On peut aussi être celui qui vient en aide à un proche égaré. Enfin, on peut aussi compter sur soi, prendre appui sur ses valeurs enfouies si on s'égare soi-même, on peut alors devenir son propre guide.

Quand l'école publique fut créée au XIXe siècle, elle prit le relais des éducations religieuses (ou les compléta) pour l'enseignement collectif de la morale aux enfants. En voici quelques exemples, tirés d'ouvrages scolaires ayant plus d'un siècle.

Le premier est « Félicie la rapporteuse », tiré de *Maman et petite Jeanne*, premier livre de morale à l'usage des écoles primaires de filles[31] :

Dans la classe, Jeanne avait pour voisine de table une petite fille nommée Félicie. Félicie n'était pas aimée de ses compagnes, car elle avait un bien vilain défaut : elle était rapporteuse. Sans cesse on l'entendait dire : « Mademoiselle, Louise m'a battue… Marie

31. De Mme Murique (directrice d'école normale), Éditions Hachette, 1905.

a fait un pâté dans son cahier... Henriette copie son devoir sur celui d'Ernestine... » La maîtresse l'avait plusieurs fois réprimandée sévèrement, mais sans pouvoir la corriger.

Un jour, un peu avant onze heures, Jeanne venait de terminer sa page d'écriture ; en attendant le signal de la sortie, elle s'amusa à enlever de la table l'encrier mobile placé entre elle et sa compagne. La maîtresse avait expressément défendu d'y toucher, mais nous savons que Jeanne n'était pas toujours obéissante. Tout à coup l'encrier lui échappa des mains, et, avant qu'elle eût pu le redresser et le remettre en place, une partie de l'encre s'était répandue sur sa page d'écriture.

La pauvre Jeanne était consternée. « Que faire, se disait-elle... Ah ! ma foi, tant pis, je vais arracher le feuillet. » Cela aussi était bien défendu, mais l'étourdie n'y réfléchissait pas. Comme elle roulait en boule le feuillet taché pour le jeter sous la table, Félicie s'écria : « Mademoiselle, Jeanne a déchiré une page de son cahier !

— Est-ce vrai, Jeanne ? demanda la maîtresse.

— Oui, mademoiselle, répondit Jeanne en baissant la tête.

— Et pourquoi avez-vous fait cela ?

— Parce que ma page était toute tachée d'encre.

— Vous aviez donc touché à l'encrier ?

— Oui, répondit Jeanne encore plus bas.

— Mon enfant, reprit la maîtresse, vous avez eu grand tort de désobéir et je serai obligée de vous faire recommencer votre page d'écriture pendant la récréation, mais je vois avec plaisir que vous dites la vérité ; vous ne cherchez pas à cacher les fautes que vous avez commises : c'est bien, vous êtes une petite fille sincère.

« Quant à vous, Félicie, ce que vous avez fait est très mal : chercher à faire punir et gronder ses compagnes en dévoilant leurs fautes, c'est une action honteuse, indigne d'une honnête enfant. »
Jeanne s'assit en pleurant ; cependant, elle était bien contente des éloges que lui avait adressés la maîtresse ; elle se promettait de ne plus désobéir et de dire toujours la vérité. Félicie, rouge de honte, n'osait lever les yeux.
Il était onze heures, la maîtresse fit sortir les enfants, et conduisit jusqu'à l'extrémité de la rue celles qui s'en allaient seules chez elles ; les autres entrèrent dans le préau pour déjeuner. Jeanne avait essuyé ses larmes. Dès qu'elle eut mangé, elle se mit bravement à l'ouvrage et refit sa page d'écriture ; puis elle courut au jardin.
« Viens vite, Jeanne ! lui crièrent ses petites amies. Marie a apporté une grande corde, nous t'avons attendue pour jouer ! »
Une bonne partie fut vite organisée ; c'était un plaisir d'entendre les joyeux éclats de rire des petites filles : elles s'amusaient toutes de si bon cœur !
Et Félicie, que faisait-elle pendant ce temps-là ? Elle s'était approchée pour prendre part au jeu ; mais ses compagnes lui avaient dit : « Va-t'en, rapporteuse, nous ne voulons pas jouer avec toi. »
Alors elle s'était retirée dans un coin de la cour et elle restait là, toute seule, à s'ennuyer. Elle l'avait bien mérité n'est-ce pas ?
*Résumé.* On ne doit jamais révéler les fautes de ses compagnes : c'est là une action honteuse, indigne d'une honnête enfant.

En voici un second, intitulé « La solidarité. La fraternité », tiré du *Manuel d'éducation morale et d'instruction civique, à l'usage des jeunes filles*, publié en 1911 et écrit antérieurement par Mlle Clarisse Juranville (1826-1906) :

— Léonie, pourriez-vous me dire ce que l'on entend par *solidarité* ?

— Je crois que solidarité signifie responsabilité mutuelle. Ainsi, dans une classe, tous les élèves sont solidaires, en ce sens qu'ils répondent en quelque sorte les uns des autres. Si, parmi nos compagnes, plusieurs ont beaucoup de succès dans leurs études, l'honneur en rejaillit sur la classe entière ; au contraire, si quelques-unes ne se conduisent pas comme elles le devraient, leurs torts retombent sur toutes les autres.

— C'est bien cela, chère enfant. J'ajoute que la société tout entière n'est qu'un ensemble de solidarités qui se croisent. La solidarité découle de la fraternité.

« Nous sommes, sur toute la terre, à l'égard de chacun de nos semblables, dit M. Franck, dans la même situation que le frère à l'égard de son frère au sein de la même famille. Issus de la même famille, unis par la communauté de nos sentiments, de nos affections, de nos idées, de nos besoins, de nos devoirs, puisque nous avons été créés avec les mêmes facultés, enfin, appelés à l'accomplissement d'une seule et même destinée, et soutenus dans notre commun labeur par les mêmes espérances, comment ne formerions-nous pas une seule et même famille, à plus forte raison un seul et même peuple de frères ? Tous les hommes sans distinction de rang, d'origine, de nationalité, de croyance, sont donc obligés de s'entraider, de toute l'énergie de leur volonté, de toutes les lumières de leur intelligence, dans l'accomplissement des devoirs, qui les unissent entre eux et qui leur imposent les mêmes conditions d'existence, la même tâche à remplir, la même destinée. »

La morale se transmet parfois sous la forme de fables comme celles de monsieur de La Fontaine. Si la poésie peut alors se mettre au service de l'éthique, elle a vocation d'ouvrir à d'autres univers.

# 8.

# Privilégier le sensible et l'immatériel

## Sensibiliser l'enfant à la poésie

Qu'elle soit considérée comme un outil ou un chemin, l'éveil à la poésie aide au développement de l'intelligence spirituelle de l'enfant. La petite enfance et l'adolescence sont les périodes où le cerveau y est le plus réceptif, même si la poésie est nourrissante à tout âge.

On peut familiariser les enfants à la poésie précocement. Le plus simple est de leur en dire, de leur en lire, de leur en écrire, sans se contenter de comptines, même si bien sûr celles-ci sont un préalable. La poésie se donne à entendre avec la voix parlée, la voix chantée, accompagnée ou non de musique. Le poème se donne aussi parfois à voir, quand sur une page il est calligraphié avec une forme particulière, qu'il a une valeur graphique singulière selon les dispositions des lettres et d'éventuelles illustrations associées.

Encore une fois, la poésie est reçue par l'enfant sans nécessairement se comprendre. Une résonance entre l'enfant et le poème peut se créer. Par la voie de la poésie, les enfants deviennent sensibles à des manières de dire peu habituelles.

**Le poème se donne aussi parfois à uoir quand sur une page il est calligraphié avec une forme particulière.**

**Un calligramme**

## *À la maison*

La poésie se doit d'être à portée de main, d'oreille et de regard à la maison. Il est important de laisser les recueils, les anthologies à proximité des enfants.

*La mère de Célia a un cadre posé dans la chambre de sa fille et chaque semaine elle y affiche un nouveau poème, que Célia lit ou regarde en passant comme si elle regardait par la fenêtre.*

On s'imprègne de poésie comme on s'imprègne d'eau pour évoluer dans la mer ou la piscine. Pour les lire à votre enfant, faites le choix de poèmes qui vous touchent. Ne vous limitez pas à des textes trop simplistes. Les poèmes que vous lui offrez à entendre peuvent paraître sibyllins. Il n'est pas nécessaire que tous les mots en soient compris. Le sens des mots en poésie n'est pas, tant s'en faut, la seule portée d'un poème sur l'esprit. Il y a entre autres choses sa structure, les images véhiculées par les mots, leurs sonorités données par exemple par des rimes, le rythme des phrases ou la beauté du langage ; tout cela contribue à nous déconnecter et à nous émerveiller parfois.

On propose une simple lecture d'un poème, avant l'histoire du soir, sans demander en retour à l'enfant de commentaires particuliers. D'ailleurs, les réactions à l'écoute d'un poème sont inconstantes, intérieures, personnelles, complexes à exprimer et peuvent être à retardement. Bien sûr, le jeune enfant pourra aussi s'exprimer librement après l'écoute d'un poème : « je vois », « j'entends », « je sens », « ça me fait penser à », « c'est comme... ». On peut aussi trouver sur YouTube ou d'autres réseaux de bons lecteurs qui récitent des poésies si l'on ne se sent pas l'âme d'un(e) interprète. Les lectures de poèmes peuvent se faire non seulement le soir au coucher, mais aussi à d'autres occasions de détente ou d'attente. Cependant, la poésie, si elle demande comme d'autres activités une disponibilité d'écoute, n'impose pas l'immobilité. En effet, certains enfants hyperactifs ont besoin de bouger pour être attentifs. Et certains aiment lire à haute voix des poèmes tout en circulant, quand d'autres comme le poète Jacques Roubaud[32] composent leurs poèmes en marchant.

---

32. Interview par Nathalie Crom, *Télérama*, 25 février 2014.

La poésie n'est pas uniquement informative ; elle est communicative certes, mais elle représente aussi une réelle source de plaisir lorsqu'on la partage. La lecture de certains petits poèmes, comme les haïkus, peut être dénuée d'interprétation. D'autres poèmes permettent une approche plus vivante grâce à la ponctuation, sans risque d'imposer sa propre émotion. On peut faire le choix de lire un poème par jour, qui peut être chaque fois d'époque différente, de nature différente, de forme différente ou de tonalité différente.

Devenu plus grand, l'enfant pourra lire ou dire des poèmes en adoptant un ton approprié, repérer des mots amusants ou évocateurs, faire part de ses impressions et les exprimer par un dessin ou une peinture libre. S'il pratique un instrument, il pourra associer au poème une composition musicale. Inspiré, il pourra lui associer des mouvements dansés en l'écoutant ou en le récitant.

*Camilla, 11 ans, s'est construit une boîte à poèmes, pour laquelle elle a recopié et illustré des poèmes qu'elle a aimés. Elle les relit parfois à elle-même ou aux membres de sa famille. « Je me sens comme nettoyée à l'intérieur de moi, plus propre après », précise-t-elle.*

Pour les enfants qui semblent le plus réticents à l'écoute poétique, on peut débuter par des promenades dans la nature. Si celle-ci est un thème majeur en poésie, c'est sans doute parce que se promener en forêt, écouter le son des oiseaux, des ruisseaux, du vent dans les arbres, capter des variations de lumière tout en marchant mais aussi en courant ou en jouant permet un autre rapport à soi et une ouverture au monde sensible.

Par ailleurs, il existe des jeux d'initiation avec les mots, comme le jeu du téléphone, qui se joue à plusieurs. Nous nous installons en cercle, en famille ou avec des amis. Un premier transmet un message à l'oreille d'un enfant, qui le transmet à son frère, qui le transmet à sa cousine par exemple. On perçoit enfin la différence entre l'énoncé initial et l'énoncé final, et l'on repère ainsi des changements phonologiques, syntaxiques et sémantiques qui surprennent, amusent, apprennent. Faire des jeux de mots et avec les mots permet à l'enfant de percevoir que le mot n'est pas un simple ustensile pour désigner un objet ou un concept, mais qu'il peut être libre et nous conduire ailleurs.

## JEUX D'INITIATION À L'ÉVEIL POÉTIQUE CHEZ LE JEUNE ENFANT

Divers jeux avec les mots permettent de sensibiliser à la poésie :

- La pêche aux rimes consiste à s'amuser à repérer des rimes dans le langage courant et à faire des phrases qui riment.
- On jouera aussi avec les sonorités en cherchant des mots doux, durs, claquants, sifflants, grinçants…
- Il y a aussi le jeu de « fourche-langue ». Il s'agit de trouver une phrase difficile à prononcer.
- Citons encore le cadavre exquis. C'est un jeu d'écriture qui consiste à faire composer une phrase, ou un texte court, par plusieurs personnes, enfants ou adultes, sans qu'aucune d'elles puisse tenir compte de la ou des collaborations précédentes.
- Un autre jeu : l'adulte dit, chante ou lit un poème, et chaque enfant doit retenir un mot ou une expression du poème qui lui a particulièrement plu.
- On jouera à fabriquer des mots nouveaux : mots-valises, à partir de mots et d'images. Exemple : un « élérisson ».

- Un autre jeu d'initiation : les trois petits chats. On crée des mots en utilisant la dernière syllabe prononcée. Par exemple : chapeau de paille, paillasson, somnambule, bulletin...
- Le jeu des animaux : si j'étais un... On cite un animal et on imagine ce que l'on ferait si on en était un en ne citant qu'une idée.
- Il y a aussi le jeu des prénoms, où l'on attribue une qualité qui rime avec le prénom. Exemple : Simon le polisson.

L'enfant pourra aussi s'entraîner à dire des poésies en famille. Ce pourrait être chacun son tour. Le « dire » poétique est aussi un entraînement à la respiration, à l'articulation, à l'accentuation… Tout cela amène l'enfant à utiliser toutes les possibilités de sa voix et à communiquer avec des champs autres que purement informatifs.

## *À l'école*

L'école est bien sûr un lieu essentiel de rencontre avec la poésie. On y lit, on y apprend et on y dit des poèmes de toutes sortes. En maternelle, on débute souvent avec la comptine. Il s'agit d'une formule parlée ou chantée qui sert à départager et à désigner celui ou celle à qui sera attribué un rôle particulier dans un jeu. Son rythme verbal, son registre court, ses rimes favorisent la mémorisation. Certaines comptines sont chantées, mais elles se différencient de la chanson par la forme et l'absence d'alternance couplet/refrain. Les comptines permettent d'atteindre de nombreux objectifs de manière ludique : apprentissage du rythme, des sonorités, de l'articulation, du souffle. Elles ont un rôle au niveau du développement de la motricité et familiarisent les élèves avec les jeux du langage. Elles sont aussi exploitées comme des aide-mémoires efficaces pour apprendre des suites, des séries (nombres, jours…). Mais le champ de la poésie à l'école va bien au-delà des comptines et embrasse tous les types de poèmes selon les choix des enseignants.

*Marika, professeure des écoles, raconte son initiative qu'elle nomme l'arbre des poèmes : « J'ai fait installer un arbre à poèmes dans ma classe. Construit avec des baguettes de bois, il possède en guise de feuilles des plis de papier de toutes les couleurs. Les enfants, intrigués par cet arbre qui a poussé dans la classe, sont invités à cueillir les plis et à déguster leur contenu, qui sont des poèmes à lire à haute voix. »*

## À l'adolescence

À tout âge, mais surtout à l'adolescence, l'enfant ressent le besoin parfois vital d'écrire de la poésie. Écrire des poèmes, de la poésie est un formidable moyen pour beaucoup d'adolescents d'exprimer des questionnements, des pensées métaphoriques et des ressentis. Ce qui a notamment pour rôle de soulager et de prévenir un certain nombre de passages à l'acte dangereux. Je ne compte pas les nombreux adolescents reçus en consultation avec des idées noires et suicidaires et qui, grâce à leur écriture poétique que j'ai soutenue, ont pu aller mieux.

Si votre ado en ressent le besoin mais doute de ses capacités ou ne se sent pas légitime, montrez-lui la lettre à un jeune poète datée du 17 février 1903 où Rainer Maria Rilke écrit notamment :

> « Fuyez donc les thèmes généraux pour ceux que vous offre votre propre vie quotidienne ; décrivez vos tristesses et vos désirs, les pensées qui vous traversent l'esprit et la croyance à une beauté quelle qu'elle soit – décrivez tout cela en obéissant

à une honnêteté profonde, humble et silencieuse et, pour vous exprimer, ayez recours aux choses qui vous entourent, aux images de vos rêves et aux objets de vos souvenirs. Si votre vie quotidienne vous paraît pauvre, ne l'accusez pas [...]. Pour celui qui crée, il n'y a pas, en effet, de pauvreté ni de lieu indigent, indifférent. Et quand bien même vous seriez dans une prison dont les murs ne laisseraient rien percevoir à vos sens des bruits du monde, n'auriez-vous pas alors toujours à votre disposition votre enfance, sa richesse royale et précieuse, ce trésor des souvenirs ? Portez là votre attention. Cherchez à éveiller les sensations englouties de ce lointain passé ; votre personnalité en sera confortée, votre solitude en sera élargie pour devenir cette demeure à peine visible loin de laquelle passera le vacarme des autres. Et lorsque de ce retour à son intériorité, lorsque de cette immersion dans son propre monde surgissent des vers, vous ne songerez pas à interroger quelqu'un pour savoir si ce sont de bons vers. Vous ne tenterez pas non plus d'intéresser des revues à ces travaux, car vous verrez en eux ce qui vous appartient naturellement et vous est cher : une part comme une expression de votre vie. Une œuvre d'art est bonne qui surgit de la nécessité. »

Le langage poétique est friand de métaphores et de symboles. Il a cela en commun avec le langage des rêves. Ne dit-on pas que le poète est « celui qui rêve et fait rêver[33] » ?

33. Jean-Claude Lalanne-Cassou, *On a tué Charles Perrault*, Le Préambule, 1978.

## Apprendre à lire ses rêves

Le langage onirique s'enracine dans l'intelligence spirituelle. L'interprétation des rêves existe depuis les civilisations antiques. Leur décodeur varie selon les cultures et les époques. La psychanalyse est un mode d'interprétation parmi les plus récents. Le rêve est parfois un déguisement de la réalité, qu'il faut démasquer pour en comprendre le sens. C'est un des outils que j'utilise dans ma pratique de pédopsychiatre.

Développer l'intelligence des rêves va aider son enfant à ne plus craindre de s'endormir. Au contraire, il aura envie de se coucher comme on a envie de regarder un dessin animé, et en l'occurrence un dessin animé dont il est le héros. Cela lui permettra aussi de mieux se connaître en différents domaines tout en développant son empathie avec son entourage, mais plus globalement avec tout son environnement. Enfin, cela l'aidera à résoudre un certain nombre de préoccupations et à guérir de moult angoisses et conflits psychologiques internes.

On va aider son enfant encore petit à repérer ses rêves en lui demandant les images qu'il a vues dans sa tête en dormant. On l'aidera à prêter attention à ses activités cérébrales nocturnes, mais aussi diurnes, en lui demandant parfois à quoi il pense. Il apprendra à prêter lui-même attention à ses rêves et on l'invitera à nous les raconter. Il arrivera qu'il ne le souhaite pas, surtout si ce sont des rêves qui lui ont fait peur. On lui proposera alors de les dessiner ou encore de les représenter en jouant avec ses figurines. Mais jamais on n'insistera, et encore moins évidemment on ne le forcera à le faire. Lui demander chaque matin à quoi il a rêvé est la façon la plus simple et efficace de lui offrir l'occasion de se remémorer ses rêves. Comme lorsqu'on lui demande comment s'est passée sa journée de classe, c'est une façon de lui donner un sentiment de continuité, cette fois entre le coucher et l'éveil (d'ailleurs comme pour la journée de classe, il répond parfois de façon très laconique). C'est aussi une manière de lui dire que la nuit, quand on dort, la vie continue. En effet, tant d'enfants vivent le sommeil comme une séparation, voire comme une petite mort, qu'il est fondamental de les aider à comprendre que le sommeil, grâce aux rêves notamment, est la vie, et que le cerveau est bel et bien actif. On peut aussi lui raconter certains de nos rêves si cela l'intéresse, car cela le motivera à nous rapporter les siens (comme d'ailleurs pour les journées de classe, c'est plus facile d'obtenir des infos quand soi-même on raconte une anecdote de son travail).

Après un rêve marquant, l'enfant peut ne pas s'en souvenir ou bien craindre de le raconter, car il aurait l'impression de le revivre. On se chargera alors d'accueillir ses émois. On lui proposera de dire ou de dessiner simplement ce qu'il a ressenti, que ce soit de la peur, de la colère, de la jalousie ou de la joie.

Pour les grands enfants ou les ados qui veulent se remémorer leurs rêves, il leur faudra se concentrer dessus dès l'éveil en gardant les yeux clos et en se rappelant le dernier rêve qu'ils ont fait avant de penser à se lever. Ils pourront aussi les noter sur un carnet posé près du lit ou sur un Smartphone.

La compréhension du message envoyé par un rêve ne se fait pas au premier degré. Ce sont des métaphores, des paraboles. Le message est crypté. Nous avons chacun nos propres codes, mais il existe des symboles communs propres à une époque et à une culture. Les monstres des cauchemars du jeune enfant correspondent à des scènes effrayantes auxquelles il a pu assister auparavant, comme une dispute parentale, mais aussi à un mauvais comportement de lui-même ; il s'agit alors du vilain petit monstre qu'il pense être en lui. La peur de la mort, la sienne ou celle de proches, qui peut apparaître tôt dans la vie, s'exprime par des rêves de fantômes ou de momies par exemple. S'il vole dans le ciel, c'est souvent le signe de son désir de s'évader des contraintes telles que les obligations scolaires, de s'alléger.

À l'adolescence, les rêves sont plus élaborés, plus complexes et plus difficiles à interpréter que les rêves enfantins.

Écouter son enfant faire le récit de ses rêves et des émotions qui les accompagnent vont l'aider à se sentir mieux et à percevoir ce que son esprit lui indique de soucis, de craintes, d'espoirs ou de potentialités.

Voici quelques exemples de thématiques :

- **Les dents.** Jade, 14 ans : « Dans mon rêve je me lavais les dents et mes dents tombaient, cela m'angoissait. » Ce type de rêve est fréquent à l'adolescence. Un sens possible est celui de se sentir affaibli, diminué physiquement ou moralement. Un autre sens est celui de la transformation physique et affective qui s'opère en soi lors de la perte de son corps d'enfant. Un autre encore est celui d'un sentiment de culpabilité, où la dent qui tombe est la punition d'un désir jugé coupable. Mais c'est aussi le signe que la parole va se libérer, que les entraves que forment les barrages des dents tombent. Ainsi, Jules, 15 ans, rêva perdre ses dents à la suite d'un éternuement et, deux jours plus tard déclara à Julie qu'il voulait sortir avec elle, mettant fin à plusieurs mois de désir masqué.
- **Rêver d'une célébrité**, comme Daouda, 14 ans, qui rêve de Kylian Mbappé qu'il rencontre en vacances sur la plage et

qui vient jouer au ballon avec lui, n'est pas rare. Ce type de rêve signifie qu'on est en recherche de reconnaissance ou simplement d'attention, ce qui est bien normal à cet âge où la reconnaissance de ses parents ne suffit plus. Une vie trop routinière est aussi volontiers à l'origine de ce style de rêve. C'est aussi le désir d'avoir les talents, les compétences, les qualités de cette personnalité. Ce peut être également le signe que sa confiance en soi est en cours de renforcement.

- **Les rêves où l'on est poursuivi**, que l'on voie ou non par qui, sont fréquents à tous les âges. C'est souvent la traduction d'un état anxieux. Mais ce qui poursuit, le monstre, la sorcière ou le terroriste, c'est parfois une partie de soi. Il peut s'agir des envies ou des désirs, que l'enfant refoule et auxquels il faut faire face. Les reconnaître, ce n'est pas y céder. Ce qui les poursuit, ce sont aussi les tâches du quotidien, les devoirs. Y répondre sans les remettre au lendemain est une façon de faire baisser la pression.
- **Les portes.** Étienne, 10 ans : « Je suis derrière une porte. Je cherche la clé. Je vois dans le trou de la serrure que derrière il y a de beaux arbres fruitiers. » Les rêves de portes éclairent sur le cheminement de sa vie. Étienne pressent sa future adolescence et l'appréhende impatiemment de façon très positive. Franchir une porte en rêve, c'est accepter les changements, quitter une façon d'être pour une autre ; ce sont de nouvelles possibilités qui se présentent à l'enfant. Si après son passage on se retrouve au-dehors, c'est qu'on va s'ouvrir davantage aux autres. Si cela aboutit sur une pièce fermée, c'est en lui-même que l'enfant va entrer pour y trouver, qui sait, des ressources cachées, des connaissances oubliées qui vont lui permettre

d'être plus fort. Une porte impossible à ouvrir indique une difficulté dans sa progression personnelle en un ou plusieurs domaines. Fermer une porte, c'est se refermer sur soi-même en ce moment ou bien quitter une situation pénible.

- **Le train.** Noémie, 13 ans : « Je monte dans un train qui part, je suis avec des amis, je vois mon père sur le quai, que je salue de la main. » Rêver de commander un billet de train ou de conduire le train est le signe de l'affirmation d'une autonomie vis-à-vis des parents. Si le train est plein de marchandises, ce sont souvent les obligations, habituellement scolaires chez l'enfant. Si le train roule bien, c'est que cela est bien géré par l'enfant. Un contrôleur signale un éventuel conflit interne avec sa morale. Si le train est bondé, c'est peut-être le signe de tension dans sa vie relationnelle.

Le rêve, c'est la raison en vacances. À l'opposé du rêve, qui est la résidence secondaire de l'intelligence spirituelle, le matérialisme bannit toute spiritualité.

## Combattre le matérialisme et le consumérisme

Jamais autant qu'aujourd'hui les jeunes enfants n'ont été considérés comme des consommateurs par la société. Or leur demande matérielle ne correspond pas, loin de là, à de réels désirs. Trop souvent, il s'agit de combler par du matériel des besoins, des manques qui sont tout autres. Le besoin d'amour n'est pas comblé par le monde matériel. Et si le matériel remplace l'amour, l'enfant devenu adulte n'aura de l'amour qu'une vision utilitaire, prosaïque ou commerciale. La société de consommation repose sur la capacité du matériel à combler, mais seulement transitoirement, les besoins spirituels, affectifs, moteurs ou autres. La motivation à la consommation démarre très souvent par un état d'âme inconfortable que l'enfant va fuir en allant jouer à un jeu vidéo ou en demandant à son parent de lui acheter des cartes, un jouet, ou en réclamant à manger sans avoir vraiment faim. La surabondance rend bien sûr la consommation facile. La culpabilité parentale, qui n'a jamais été aussi forte qu'aujourd'hui, pousse les parents à répondre par une fuite en avant d'offrandes matérielles. Le matérialisme touche aussi largement ceux pour qui l'avoir vient combler le manque à être, et les enfants s'identifient à leurs parents aussi sur ce terrain. Voyant que la possession matérielle les rassure et renforce leur ego, les enfants dirigent aussi leur envie vers le matériel. Le matérialisme est un obstacle à l'intelligence spirituelle, car il occulte la recherche de ses véritables besoins et désirs. Selon les mots du philosophe allemand Arthur Schopenhauer (1788-1860) : « Si le matérialisme était la seule loi, tout serait éclairci. Le "pourquoi" du phénomène serait ramené au "comment". »

Voici quelques conseils pour rendre votre enfant moins matérialiste :

- Offrez-lui des expériences comme une sortie plutôt que des biens.
- Répondez à ses besoins exacts et prenez des décisions pour les satisfaire, par exemple consacrez du temps à vos enfants plutôt que de combler votre absence par des présents.
- À l'adolescence, aidez-le à se poser des questions telles que : « Est-ce que j'ai vraiment envie de cela ? Ai-je vraiment besoin

de l'acheter ? Ai-je vraiment envie de me resservir à manger ? Ou est-ce une habitude ? »

- Aidez-le à ne pas faire d'achats impulsifs en lui faisant faire les courses en boutiques plutôt que sur Internet et en petits commerces plutôt qu'en grandes surfaces, et n'achetez pas tout de suite, afin de reposer la question de l'envie plus tard. Si vous voulez vraiment acheter quelque chose, mettez-le sur une liste et attendez quelques jours.
- Aidez-le à prendre conscience des déclencheurs d'achat.
- Faites un inventaire des jouets qu'il possède pour qu'il redécouvre ce qu'il a et qu'il a oublié, mais aussi pour qu'il donne ce qu'il ne veut plus.
- Achetez des jouets individuels mais aussi des jouets communs pour la fratrie, qui se les partagera.
- Veillez vous-même à votre consumérisme et au moyen de l'amender.
- Développez les activités de loisirs qui se passent de matériels onéreux, comme les activités en plein air ou la lecture.
- Développez ses activités sportives.
- Développez sa culture et le plaisir de ce développement.
- Apprenez-lui à s'intéresser à ce que les autres sont et non pas à ce qu'ils ont.
- Retenez l'expression d'éventuelles envies à l'égard des possessions d'autrui.
- Réduisez les temps d'écran.
- Privilégiez les livres par rapport aux magazines.

Enfin, profitez de la nature environnante.

# Éduquer grâce à la nature

Le confinement nous a rappelé combien les sensations que le monde naturel nous offre nous sont nécessaires et indispensables à l'équilibre de nos enfants. L'homme et la femme ne sont pas uniquement des êtres de culture. N'oublions pas que si la culture définit l'homme, c'est l'homme qui est à l'origine de la culture. L'un et l'autre se font mutuellement. La culture serait une seconde nature, une nature qui a subi une mutation. Si le froid est naturel, le vêtement qui le protège et la mode qui suivra relèvent de la culture. L'homme ne se contente pas de survivre dans la nature ; par la culture, il veut vivre selon l'idée qu'il se fait de la vie d'homme. D'où l'éducation pour le devenir. En ce sens, l'homme serait un animal avec un idéal. Il n'a de cesse de vouloir dénaturer la nature et la sienne propre. De primitif, il devient moderne.

L'enfant, plus proche de la nature par essence, a une vision d'elle humanisée, pleine de force et d'intention. Ou bien il se vit comme un élément aussi naturel que les autres et notamment les animaux, plein d'impressions, de sensations, de perceptions et de pulsions. Il vit sans doute ses pensées, ses idées comme formées indépendamment de lui, comme des éléments de nature à l'instar de ce qu'il perçoit. Ce n'est qu'au fil de son éducation, à mesure qu'il se cultive, qu'il va distinguer la nature de l'humanité. Quand il comprend être maître de ses pensées, il se croit maître de l'environnement, maître de la nature, voire le créateur lui-même. « L'enfant ne désire rien de plus que de ne plus être enfant[34]. » Puisqu'il pense la nature, il ne se croit plus un élément de la nature, c'est-à-dire composé d'atomes

34. Alain, *Propos sur l'éducation*, 1932.

ou de cellules. Il se prend pour un petit dieu. On parle beaucoup aujourd'hui d'enfant roi quand il prend l'ascendant sur ses parents, on pourrait parler aussi de l'enfant dieu. L'éducation à la nature et par la nature replace l'enfant dans son statut d'être vivant, certes pensant et porteur de culture, mais aussi élément de la nature et membre d'un ensemble bien plus vaste que sa petite personne.

Éduquons nos enfants à la nature et confions à celle-ci une part de leur éducation. Une fréquentation régulière de la nature est indispensable au bien-être des enfants. Ceux qui en sont dépourvus se sentent globalement moins bien, sont moins autonomes, moins créatifs, ont moins confiance en eux, sont plus stressés et en moins bonne santé. La fréquentation de la nature développe l'esprit de coopération avec les autres et bien sûr rend plus empathique envers la biodiversité. L'éducation à la nature est une source de savoirs fondamentaux, de connaissances sur le vivant, et favorise un lien affectif avec les animaux, les plantes et globalement les éléments naturels.

Des actions peuvent être conduites en ce sens, telles que le développement de classes de découverte ou des séjours collectifs en vacances nature, dont le nombre a décru ces dernières années. Les raisons de cette désaffection logent du côté de l'urbanisation croissante, la sédentarisation, l'érosion du temps libre chez les enfants au profit d'activités éducatives et de loisirs structurés, la crainte des risques de toutes sortes, le nombre de divorces, les contraintes réglementaires ou administratives, la prégnance des écrans dans le quotidien et le manque de budget alloué. Les enfants citadins sont gorgés d'enseignement sur le développement durable mais entre quatre murs et devant des écrans. Cette éducation du dedans favorise des difficultés psychologiques et des problèmes de santé physique ainsi qu'une certaine défiance vis-à-vis de l'extérieur comme de la liberté.

*Mathilde, professeure des écoles, conduit sa classe de petite section une fois par semaine en forêt. Les enfants sont vêtus en fonction du temps. Les parents sont les bienvenus pour accompagner. Âgés de 3 ou 4 ans, les enfants apprennent à oser toucher la terre, les arbres, les végétaux sans crainte de se salir. Ils découvrent et apprennent à écouter les bruits de la forêt et à les reconnaître, à observer l'évolution de la nature au fil des saisons, à ramasser des feuilles, des marrons, des glands ou des écorces, et à construire des cabanes. Entre la forêt et l'enfant, une familiarité s'établit et la nature devient un espace de jeu et de découvertes, ce qui renforce la confiance en soi. Sa créativité est également nourrie quand les éléments naturels deviennent des outils artistiques et des matières premières de bijoux ou d'objets de décoration.*

*Addison, le fils de Katia, a été diagnostiqué TDHA, enfant hyperactif avec un déficit de l'attention. C'est un enfant très intelligent et hypersensible, qui réagit très vivement aux bruits, aux lumières artificielles ou aux odeurs. Katia a refusé qu'il lui soit prescrit des médicaments contre le TDHA. Elle a préféré quitter la région parisienne pour s'établir dans un gros village à proximité directe de la nature. Il ne se passe pas une journée, quelle que soit la saison, sans qu'Addison joue dans la nature à découvrir, courir, bricoler, cueillir des fruits des bois, à construire un abri de fortune, à se ressourcer, à reconnaître les chants des oiseaux, à s'imaginer être Tarzan, à aller voir les animaux de la ferme, à apprendre à cultiver un potager. « Aujourd'hui, dit Katia, c'est un autre enfant. » Elle ajoute : « Il est beaucoup moins impulsif ou cela se remarque moins. Ses crises d'opposition se règlent en sortant courir. En classe, Addison est davantage posé et attentif. Il s'endort désormais sans difficulté, le corps bien défoulé. Il est beaucoup moins maladroit et est même devenu très débrouillard. Et lui qui ne voulait pas lire un livre, il en lit l'été au pied d'un arbre, son chien couché à ses côtés. »*

Pour cultiver l'esprit de nature chez son enfant, rien de mieux que des promenades au sein de la nature. On admire les paysages environnants, le ciel, les étoiles, l'infini maritime. On découvre la flânerie, la spontanéité, le repos, le silence, l'inspiration, le recueillement, la contemplation, l'émerveillement. Dans la nature, l'enfant affine sa sensibilité et apprend à ressentir. À force de la fréquenter, il peut lever le voile sur ce qui le sépare de lui-même. Il ou elle s'interroge, ce qui est la première étape avant d'y répondre, sur les mystères de la création, loin des champs de la technologie et de l'intelligence artificielle. Le corps et toute sa sensorialité sont en jeu, loin du virtuel. Le rythme de la nature, qui transparaît dans les variations de luminosité, la température, l'humidité, les couleurs et la densité des végétaux selon les saisons, donne du recul sur le passage du temps, dont la perception est différente dans une vie urbaine. Le rapport à soi varie aussi. Le pouvoir illusoire des écrans favorise la mégalomanie, quand le contact avec la nature renvoie l'enfant à sa vérité. La nature est aussi un lieu d'apprentissage si on rencontre des adultes qui y travaillent et transmettent leur savoir-faire. Le travail avec les éléments de la nature éclaire l'enfant sur le vivant et donc sur son fonctionnement biologique, avec ses forces et ses limites. Se sentir responsable, vouloir protéger la nature fait que l'enfant comprend la nécessité de se protéger lui-même, des toxiques notamment, et de protéger autrui.

L'activité physique en pleine nature permet à l'enfant et à l'adolescent de prendre bien conscience de ses limites corporelles. La fatigue est perçue physiquement dans les muscles.

Cette éducation à la nature lui offre la possibilité de trouver des solutions par lui-même notamment sur le plan moteur, comme traverser un ruisseau, ou stratégique, comme la cueillette de fruits des bois, la construction à partir d'éléments naturels ou les tentatives de domestication d'un insecte. Cette confrontation avec la nature, qui est perçue comme un espace non aménagé pour lui, renforce la confiance en soi, ainsi que la créativité, la motricité, la conscience de soi (des limites de son corps et de son statut d'être vivant) et la responsabilisation.

On va permettre à l'enfant d'entrer en lien avec la nature par le jeu. On proposera des jeux libres. Des jeux gratuits hors de la consommation matérialiste. À l'enfant de faire attention à ses gestes, d'utiliser son imagination et ses ressources internes, d'évaluer les situations pour faire des découvertes et vivre des aventures.

L'industrie des loisirs se développe à foison avec des activités en plein air du type « parc aventure ». Ces jeux ont évidemment des atouts éducatifs et sont préférables à des après-midi derrière un écran de jeu vidéo ; cependant ils ne laissent pas libre cours à l'imagination. On n'y déploie pas sa force de création, car tout est préparé, contrôlé, payant et sécurisé.

*Joshua a 9 ans. Il a une maladie orpheline au pronostic sombre, et ses parents s'inquiètent de son vécu psychologique face à ce drame. À l'occasion d'une consultation, Joshua me confie que ce qu'il préfère dans la nature, ce sont les pierres. À chaque promenade en forêt ou en montagne, il a le nez penché vers le sol à la recherche de ses trésors, qu'il emporte chez lui, quand leur taille le permet, pour compléter sa collection. Quand je l'interrogeai sur cette passion pour cette matière aussi solide qu'inerte, il me confia : « Ce qui me plaît dans les pierres, c'est qu'elles ne peuvent pas mourir. » Je compris alors que les pierres étaient pour Joshua les garantes de l'immortalité, ce qui le rassurait sur la fragilité des vivants.*

L'éducation à la nature et l'éducation par la nature, en replaçant l'enfant au sein du vivant, lui révèlent sa propre nature. La nature offre la connaissance de soi comme être biologique inscrit dans le cycle naturel, loin d'une extension existentielle illusoire dans le matériel et le technologique, et de réalités virtuelles de soi. Elle rappelle au réel face aux chimères d'un soi artificiel, mais, par ailleurs, ouvre la voie à l'au-delà de soi de son être, puisque dans la nature rien ne se perd, tout se transforme. La graine devient arbre, puis fruit, puis graine. La nature montre l'infiniment grand et l'infiniment petit. Elle montre que chaque être est un univers à soi seul. L'individu vit dans le tout et le tout dans l'individu.

# Conclusion

L'intelligence spirituelle, c'est un peu comme les eaux profondes de l'intelligence globale. Y puiser ne va pas de soi. Il faut être volontaire et se sentir apte à plonger en soi. L'intelligence spirituelle est ce qui permet de voir au-delà de la surface des choses, des êtres et des concepts, et de percevoir au-dedans et au plus profond de soi.

Le point commun des champs sur lesquels s'exerce l'intelligence spirituelle est leur infinité. Qu'il s'agisse de la nature (impliquant aussi bien la nature humaine), l'univers au sens cosmologique, le divin ou l'amour, on est en présence d'immensité voire d'infinitude.

L'intelligence spirituelle est une contrée qui s'explore par un voyage de l'esprit, mais c'est un voyage qui se prépare. Les bénéfices que l'on peut en tirer sont la sérénité, l'atténuation de la colère, de la convoitise, de la violence, l'acquisition de la compassion, de la douceur, de la modestie, du pardon, mais aussi de la vigueur, de la maîtrise de soi et de la détermination. Une intelligence spirituelle développée joue un rôle dans la santé physique et mentale, le bien-être, le bonheur, la satisfaction par rapport à la vie, la maîtrise personnelle et la résilience. L'enfant ayant une intelligence spirituelle notable est plus tolérant, car il ne se limite pas à un regard superficiel propice à un regard critique. Derrière chaque comportement, il discerne les craintes, les espoirs, le sens profond. Il le peut grâce à ses parents qui ont porté sur lui ce regard bienveillant, qui voient le trésor caché en chacun de leurs enfants et des autres en général.

Cultiver l'intelligence spirituelle de son enfant a, parmi d'autres objectifs, celui d'amplifier sa confiance en soi, et donc d'affermir le respect de son intimité et d'étayer son cheminement personnel.

Assurer l'éducation spirituelle de son enfant, c'est développer sa conscience de soi, sa curiosité intellectuelle, sa curiosité des autres, l'inviter à questionner le pourquoi des choses. C'est lui donner à découvrir ses principes, ses valeurs, ses convictions et les défendre, à ouvrir son esprit et son esprit critique. C'est lui apprendre à cultiver l'empathie, la compassion, l'humilité, à assumer les conséquences de ses paroles et de ses actes, et à accepter les différences sans se dévaloriser. C'est aussi développer sa réceptivité brute grâce à l'élimination de stimulations sensorielles, pensées parasites, préoccupations physiques ou émotionnelles. Et surtout, pour l'adolescent, l'aider à trouver une ou des vocations.

L'ouverture d'esprit, le recul, la connaissance de soi et les réponses que permet l'intelligence spirituelle en font un outil formidable pour apaiser diverses angoisses du quotidien et donner du sens à l'existence. Ainsi, votre enfant pourra mettre en œuvre avec plus de liberté son imagination, sa créativité et ses autres formes d'intelligence. En empruntant la voie spirituelle, l'enfant va gagner en harmonie et pourra changer ses façons de penser quand celles-ci sont négatives. Il va ainsi polir son cœur de ces émotions négatives que sont la peur, l'égoïsme ou l'envie. Quand il se sera libéré de ces parasites communs à toutes les intelligences, ses intelligences rationnelle et émotionnelle n'en seront aussi que plus performantes. Les diverses actions vont gagner en cohérence, notamment chez l'adolescent qui puise, dans cet aggiornamento spirituel, de l'énergie et de l'audace, et qui avance motivé et éclairé dans son parcours scolaire puis professionnel. On peut aussi prendre appui sur le développement de l'intelligence spirituelle pour lutter contre la démotivation, la dépression, les conduites à risques et tous les états d'addiction et de dépendance qui sont les fléaux de cet âge.

Nourrir l'intelligence spirituelle de son enfant, comme les autres formes d'intelligence rationnelle ou émotionnelle, se fait à tout âge et notamment à ces moments de la vie qui correspondent à une forte croissance cérébrale, que sont la petite enfance de 3 à 6 ans ainsi que la période pubertaire, durant laquelle les questions existentielles fusent et où la pensée abstraite se développe.

Les parents sont les premiers à pouvoir féconder cette vie intérieure. Car ce n'est pas – ou pas seulement – une qualité intérieure. Elle se nourrit, se cultive, se développe. Les parents le feront en cultivant leur propre intelligence spirituelle, mais aussi et surtout en étant à l'écoute des questionnements de leur enfant et en stimulant ses réflexions spirituelles. Les outils à leur service, on les a vus, sont nombreux : jeux, contemplation, relaxation, méditation adaptée aux enfants, ouverture aux joies de la culture générale, stimulation artistique, développement du sens de l'humour, enseignement des paradoxes, initiation à la philosophie, poésie thérapie, fréquentation de la nature, enseignement de la morale… On s'appliquera aussi à aider son enfant à accepter le compromis, l'intégration des différentes opinions, et à adopter le point de vue des tiers et donc à se décentrer. Mais on l'aidera aussi à changer de comportement dans les relations sociales notamment en utilisant des stratégies qui facilitent la résolution de conflit, à avoir des perspectives plus larges que le problème auquel il pourrait être confronté, et à cultiver sa curiosité intellectuelle, qui va de pair avec la reconnaissance des limites de ses propres connaissances.

Finalement, développer l'intelligence spirituelle de son enfant, c'est en grande partie développer sa sagesse. Celle-ci peut se définir, si je m'inspire notamment de mes confrères américains le Dr Dilip V. Jeste et ses collègues[35], comme une entité qui résulte de l'interaction de différents domaines :

- Une bonne connaissance générale de la vie et des décisions sociales des autres si besoin ;
- L'esprit de décision (l'aptitude à prendre des décisions rapides et efficaces) ;
- La tolérance de valeurs divergentes (c'est-à-dire l'acceptation de l'existence d'autres systèmes de valeurs que les siens) ;
- L'introspection, c'est-à-dire la capacité à réfléchir sur soi et à comprendre son fonctionnement en profondeur ;
- Des comportements prosociaux nourris d'empathie, de compassion et d'altruisme ;
- Une bonne régulation émotionnelle avec une maîtrise de soi (elle permet d'améliorer la capacité de penser avec sagesse) ;

35. Dilip V. Jeste *et al.*, « Is spirituality a component of wisdom? Study of 1,786 adults using expander San Diego Wisdom Scale », *The Journal of Psychiatric Research*, vol. 132, 2021. DOI : 10.1016/j.psychires.2020.09.033

- Une *émodiversité*[36], c'est-à-dire la capacité de vivre des émotions multiples mais équilibrées.

Aussi, éduquons et accompagnons notre enfant pour en faire un enfant sage, non pas au sens détourné d'enfant inhibé, mais bien au sens plein du terme : un enfant équilibré, serein, avisé, gentil, prévoyant, altruiste, vertueux, raisonné, pacifique, bon, modeste, réfléchi, éclairé, tranquille, sûr, savant, sagace – bref, un enfant épanoui et heureux.

36. L'émodiversité, qui consiste à éprouver différentes émotions de façon équilibrée, aide à raisonner avec sagesse indépendamment de l'intensité émotionnelle. Igor Grossmann *et al.*, « Wise reasoning benefits from emodiversity, irrespective of emotional intensity », *Journal of Experimental Psychology*, vol. 148, n° 5, 2019. DOI : 10.1037/xge0000543

# Table des matières

*Introduction* . . . . . . . . . . 9

## *Partie 1* Les multiples facettes de l'intelligence spirituelle

1. Qu'est-ce que l'intelligence spirituelle ? . . . . . . . . . . 15

Une forme d'intelligence, celle de l'immatériel . . . . . . . . . . 15

Le besoin d'aller au-delà de soi . . . . . . . . . . 17

La pensée magique des enfants . . . . . . . . . . 21

2. La composante philosophique . . . . . . . . . . 25

Chez le petit . . . . . . . . . . 25

Du côté des parents :
les réactions possibles . . . . . . . . . . 27

Chez l'adolescent . . . . . . . . . . 30

3. L'aspect proprement spirituel . . . . . . . . . . 35

Une intelligence à la fois mentale, sensible et esthétique . . . . . . 35

Sa place dans une éducation intégrale .......... 39
La différence entre spiritualité et religion .......... 41
4. La composante morale .......... 45
Le vaste domaine de la morale .......... 45
La nécessité d'une instruction morale .......... 46
Les notions de bien et de mal .......... 51
5. La dimension créative .......... 55
L'intuition : le terreau de l'intelligence spirituelle .......... 55
Le rôle de la poésie .......... 64
L'intelligence des rêves .......... 69

## *Partie 2.* Les bienfaits d'un développement spirituel pour l'enfant

1. Vivre en bonne intelligence avec soi et les autres .......... 79
Une interaction des différentes formes d'intelligence .......... 80
La conscience de soi et l'ouverture aux autres .......... 81
L'estime de soi et la confiance en soi .......... 83
La paix intérieure .......... 83
L'ouverture d'esprit .......... 85
2. S'épanouir et s'accomplir .......... 87
Le développement de la créativité .......... 87
Un sens donné à la vie, une raison d'être et donc un élan vital .......... 88
De meilleurs résultats scolaires .......... 90

3. Atteindre l'harmonie intérieure ... 93
Tolérer les frustrations ... 93
Avoir moins d'agressivité et plus de force ... 95
Gagner en sagesse ... 96
4. Accroître son mieux-être ... 97
Le recours à l'intelligence spirituelle dans la psychothérapie ... 97
Le bonheur de l'extase ... 102

## *Partie 3.* Conseils pratiques et exercices

1. En quoi consiste l'éducation spirituelle d'un enfant ? ... 109
Lui apprendre à regarder ... 110
L'ouvrir à son monde intérieur ... 112
Le conduire à la tempérance, la patience, la tolérance et l'espérance ... 116
2. Éveiller l'intelligence spirituelle dès le plus jeune âge ... 119
Des jeux simples et courants ... 119
L'appel à la joie ... 124
3. Aiguiser l'intuition et le sens esthétique ... 129
Quelques exercices pour perfectionner l'intuition ... 129
Apprendre le beau à vos enfants ... 134
4. Être spirituel au sens d'« avoir de l'esprit » ... 141
Cultiver le sens de l'humour ... 141
Explorer les paradoxes ... 146

5. Des activités physiques pour favoriser le développement spirituel . . . . . 151
Les exercices de relaxation . . . . . 151
La pêche . . . . . 160
6. Enseigner la méditation et la prière . . . . . 163
L'initiation à la méditation de pleine conscience . . . . . 163
L'apprentissage de la prière . . . . . 177
7. Faire la morale ! . . . . . 183
Dans le quotidien . . . . . 184
À l'aide de contes . . . . . 185
8. Privilégier le sensible et l'immatériel . . . . . 191
Sensibiliser l'enfant à la poésie . . . . . 191
Apprendre à lire ses rêves . . . . . 199
Combattre le matérialisme et le consumérisme . . . . . 203
Éduquer grâce à la nature . . . . . 206

*Conclusion* . . . . . 213

# Du même auteur aux éditions Leduc :

**ADOS : LE DÉCODEUR**

Avec Estelle Denis

17 €

Cet ouvrage est composé de matériaux issus de forêts bien gérées certifiées FSC®, de matériaux recyclés et de matériaux issus d'autres sources contrôlées. Le Forest Stewardship Council® est une organisation internationale non gouvernementale qui encourage une gestion écologiquement adaptée, socialement bénéfique et économiquement viable des forêts de la planète. Pour en savoir plus, consultez le site www.fsc.org

FSC
www.fsc.org
MIXTE
Papier issu
de sources
responsables
FSC® C022829

Achevé d'imprimer en mars 2021
sur les presses de la Nouvelle Imprimerie Laballery
58500 Clamecy
Dépôt légal : avril 2021
N° d'impression : 101550

Imprimé en France

La Nouvelle Imprimerie Laballery est titulaire de la marque Imprim'Vert®